四部要籍選刊 · 經部 蔣鵬翔 主編

阮刻周禮注疏 三

〔清〕阮元 校刻

浙江大學出版社

本册目録

卷十四

附釋音周禮注疏卷第十

鄭氏注　賈公彥疏

大司徒之職掌建邦之土地之圖與其人民之數以佐王安擾邦國土地之圖若今司空郡國輿地圖（疏）大司至邦國○釋曰司徒既欲佐王安擾邦國故先須知土地之圖人民之數○注土地至地圖○釋曰案漢蕭何收秦圖籍以知天下阸塞廣遠至後漢乃有司空郡國地圖輿者車輿其前牙曲地形不可正方故云輿地圖也案職方亦云掌天下之圖注直云如今司空輿地圖不云郡國者彼以司馬主九畿幷夷狄而言故不得云郡國此經云主人民之數則唯據九州之中郡國在九州之內故此注云郡國也

以天下土地之圖周知九州之地域廣輪之數辨其山林川澤丘陵墳衍原隰之名物。周猶徧也九州揚荆豫青兗雍幽冀幷也輪從也積石曰山竹木曰林注瀆曰川水鍾曰澤土高曰丘大阜曰陵水崖曰墳下平曰衍高平曰原下濕曰隰名物者十等之名與所生之物○廣古曠反墳扶云反原本又作邍徧音遍雍於用反從子容反

【疏】以天至名物○釋曰上經云土地圖爲人民之數而言之此經云土地圖據十等土地而說也故云周知九州之地域廣輪之數馬融云東西爲廣南北爲輪案王制南北兩近一遥東西兩遥一近是南北長東西短謂知此數也又辨其山林川澤以下十等形狀名號及所出之物也○注周猶至之物○釋曰九州揚荆以下據職方周之九州而言故有幽并無徐梁禹貢據夏以前九州故有徐梁無幽并也云輪從也者據南北義與馬同不釋廣者東西可知云積石曰山者案詩云節彼南山維石巖巖鄭云巖巖積石貌鄭據此而言案爾雅山上別釋則上是純土其山皆石亦有兼土者故曰石戴土謂之崔嵬又周語云大山土之聚是其山有土也云竹木曰林者謂生平地以其山林川澤別官故知竹木生平地曰林云注瀆曰川者案釋水云注川曰谿注谿曰谷注谷曰溝注溝曰澮注澮曰瀆彼注云皆以小注大大小異名言注澮曰瀆者謂以澮中水注入瀆中使有所去此云注瀆曰川者爾雅無此言鄭以義增之耳謂以瀆中水注入川案職方九州皆有川故知從瀆入川此瀆與四瀆義異四瀆則亦川

故職方云其川三江其川江漢也云水鍾曰澤者周語虞大子晉之言也云土高曰丘者爾雅山丘別釋則丘無石者也云大阜曰陵者案爾雅釋地云高平曰陸大陸曰阜大阜曰陵大陵曰阿可食者曰原是陵與丘高下異稱皆無石者也其有石者亦曰陵故左氏僖三十二年云殽有二陵南陵夏后皐之墓也其北陵文王之所避風雨是有石者也云水崖曰墳者案爾雅云重崖岸墳大防是墳爲崖岸之峻者故知水崖曰墳故詩云遵彼汝墳是汝水之大防亦是水崖曰墳也云下平曰衍者此十地皆兩兩相對爲名墳旣水崖而高明衍爲下平此下平又與下濕曰隰者別也云高平曰原者案爾雅云廣平曰原高平曰陸下云高平曰原此言高平曰原者對下濕曰隰而言其實高平即廣平者也爾雅高平曰陸者據山傍平者故下云可食者曰原也云下濕曰隰者爾雅釋地文若然禹貢云大陸既作注大陸地者爾雅釋地八藪晉有大陸彼是藪澤之地稱與高平曰陸者別也云十等之名者山林以下十等名異也云與所生之物者即下文土會之法以下是也

而辨其邦國都鄙之數制其畿疆而溝封之設其社稷之壝而樹之田主各以其

野之所宜木遂以名其社與其野千里曰畿疆猶界也春秋傳曰吾子疆理天下溝穿地爲阻固也封起土界也社稷后土及田正之神壝壇與堳埒也田主田神后土田正之所依也詩人謂之田祖所宜木謂若松柏栗也若以松爲社者則名松社之野以別方面○壝維癸反別彼列反下同

疏而辨至其野○釋曰云辨其邦國者謂分別畿外諸侯邦國多少之數謂若王制云畿外八州州二百一十國也云辨其都鄙之數者謂分別畿內三等采地之數謂若王制畿內九十三國也云制其畿疆者王畿內千里中置王城面有五百里其邦國都鄙亦皆有畿界也云而溝封之者謂於疆界之上設溝溝○爲封樹以爲阻固也云設其社稷之壝者謂於中門之外右邊設大社大稷王社王稷又於廟門之屏設勝國之社稷其社稷外皆有壝埒於四面也云而樹之田主者謂藉田之內依樹木而爲田主云各以其野之所宜木者王之田主唯一而已不得云各今云各者者揔據邦國都鄙并王者而言也云遂以名其社與其野者謂假令以松爲社則名松社之野餘皆放此也○注千里至方面○釋曰云千里曰畿者職方文云春秋傳曰吾子疆理天下者案左氏傳成二年鞌之戰齊侯使國佐賂晉師晉人不許曰使齊之封內盡東

其畝國佐對云先王疆理天下物土之宜故詩云我疆我理南東其畝今吾子疆理諸侯彼云先王疆理天下又云吾子疆理諸侯此云吾子疆理天下不同者鄭以義言之非傳之正文也云溝穿地爲阻固也者謂穿地爲深溝即是阻固也云封起土界也者穿溝出土於岸即皆爲封封即起土界也云社稷后土及田正之神者鄭義依孝經緯社者五土之摠神以句龍生時爲后土官有功於土死配社而食稷是原隰之神宜五穀五穀不可遍舉稷者五穀之長立稷以表神名故號稷棄爲堯時稷官立稼穡之事有功於民死乃配稷而食名爲田正也故云社稷。后土及田正之神雙言之耳云壝壇與壝埒也者經直云壝壇。即壝埒不云壇以壝在壇之四面爲之明中有壇可知故鄭兼云壇也案禮記郊特牲云君南面。於北墉下鄭注云北墉社內北牆也彼社雖無室壇外面有壁壁外乃有壝耳若然封人云設王之社壝者彼官卑主設之此大司徒尊官直主其制度而已云田主田神后土田正之所依也者此田主當在藉田之中依樹木而爲之故云各以其土。地。所宜木云田主田神者謂郊特牲云先穡與神農一也若然鄭意以田主爲神農則無后土及田土。之神直以神農爲主祭尊可以及卑故使后土田正二神憑依之同壇共位耳田正則郊特牲所云司嗇一也又引詩人謂之田祖者詩云以御田祖毛云田祖先穡爾雅亦云凡國祈年于田祖鄭云田祖始耕田者謂神農也引之者證田主是神農也云所宜木謂若松栢栗也者是論語哀公問社於宰我對云夏后氏以松殷人以栢周人以栗彼三代所都異處所宜之木不同夏居平陽宜松殷居亳宜栢周居鎬京宜栗此經雖據周一代而言其邦國都鄙異處所宜之木亦復不同故云若松栢栗也云若以松爲社者則名松社之野者此取松爲社假設而言耳云以別方面者但四方宜木面各不同或一方宜松則以松爲社以別餘之方面耳

以土會之灋辨五地之物生一曰山林其動物宜毛物其植物宜早物其民毛而方二曰川澤其動物宜鱗物其植物宜膏物其民黑而津三曰丘陵其動物宜羽物其植物宜覈物其民專而長四曰墳衍其動物宜介物其植物宜莢物其民晳而瘠

五曰原隰其動物宜蠃物其植物宜叢物其民豐肉而庳

會計也以上計貢稅之法因別此五者也毛物貂狐貒貉之屬縟毛者也鱗物魚龍鼈之屬津潤也羽物翟雉之屬核物李梅之屬專圜也介物龜之屬水居陸生者莢物薺莢王棘之屬皙白也瘠臞也蠃物虎豹貔貐之屬淺毛者叢物萑葦之屬豐猶厚也庳猶短也杜子春讀生爲牲鄭司農云植物根生之屬皁物柞栗之屬今世間謂柞實爲皁斗膏物謂楊柳之屬理致且白如膏玄謂膏當爲櫜字之誤也蓮芡之實有櫜韜○會古外反注同皁音皁本或作皁注同鱗劉本作麟音鱗津如字一本作濜音同覈音核專徒丸反注同長如字下注長於土圭同介音界莢古協反皙音錫白色也蠃力果反叢才東反肉如字劉而樹反庳音婢貂音彫貒吐官反貉胡洛反依字作貈縟音辱一音如勇反圜音圓又徒丸反臞其俱反又作膒音稍與考工記燿後音同貔音毗一音房私反貐勑宜反萑音丸葦于鬼反柞于洛反致直記反櫜古毛反劉古到反芡音儉韜吐刀反

疏 以土至而庳○釋曰云會計也以土地計會所出貢稅之法貢稅出於五地故須說五地所生不同也故云以土會之法也云辨五地之物生者但天之所覆地之

所載地有五等所生無過動植及民耳故云辨五地之物生
上經云十等此云五地不同者上經細別而言則十等以類
相并而言故五等其實一也一曰山林者此五地以高下相
對故一曰山林山林高之極者二曰川澤川澤下之極者故
以爲對也又五地之內以民之資生取於動植之物故先言
動植後言民也山林之中其動物宜毛物植物宜皁物其
民毛而方此五地人物之等皆方以類聚物以羣分及民之
所生皆因地氣所感不同故使形類有異也○注會計至槀
輻稅○釋曰案宰夫職云歲計曰會故云會計也鄭知以土計
貢稅之法者以五地中而云會計者唯有貢稅之法故鄭云
以土計貢稅之法因別此五者也云毛物貂狐貒貉之屬者
依爾雅而言耳案爾雅云貍狐貒貉同文此云貂狐貉不言貍
者鄭君所讀爾雅者爲貂不爲貍也言之屬者云山林之中毛
者甚衆故以之屬揔之也言縟毛者謂毛之細縟者也云鱗
物魚龍之屬者案月令春云其蟲鱗鄭云蛇不言魚者有足
曰蟲無足曰豸經云其蟲鱗魚無足故不言魚其實魚入鱗
內可知也此經云川澤宜鱗物鱗物以魚爲主有魚龍有蛇
可知故不言蛇也云津潤也者以其民居澤近水故有津潤
但入水見日則黑故民黑津也云羽物翟雉之屬者案禹貢
徐州貢羽畎夏翟則翟雉也以雉乃羽中之貴物故上陵所

宜羽物者是翟雉也云核物李梅之屬者鄭以丘陵阪險宜棗杏及李梅等目驗可知故云李梅之屬中有棗杏也云專園也者此丘陵地氣使之然也云介物龜鱉之屬水居陸生者此陸生謂陸地生子及生訖即入水而居故云水居陸生也五行傳云貌之不恭則有龜孽注云龜蟲之生於水者亦謂生居在水中非謂初生在水彼生與此鄭云陸生之生義異也又云莢物薺莢王棘之屬者薺莢即今人謂之皁莢蓋誤云皁當言薺也王棘即士喪禮云王棘若檡棘者是也棘雖無莢蓋樹之枝葉與薺莢相類故并言之也云皙白也者此民居於墳衍地氣宜白又見詩云楊且之皙皙爲白可知也云瘠臞也者案爾雅釋言云臞脙瘠也注云齊人謂瘠瘦爲脙則臞爲瘦小之貌故鄭云瘠也云羸物虎豹貔貅之屬者考工記梓人職說大獸而云厚脣弇口出目短耳大胷燿後若是者謂之羸屬又爾雅有虎有豹故知羸物有虎豹也但爾雅及諸經不見有貔曲禮云載貔貅此鄭云貔貅貅即貅也云淺毛者若以淺毛言之則入羸蟲中故月令中央土其蟲羸鄭云虎豹之屬恒淺毛若據有毛言之即爲毛蟲故白虎入西方毛蟲之長也云叢物萑葦之屬者詩云萑葦淠淠是二者各以類聚也杜子春讀生爲牲牲亦訓爲生義既不殊故後鄭不破之也鄭司農云植物根生之屬先鄭對動

并植生爲號也皁物柞栗之屬者柞實之皮得染皁故引今世猶謂柞實爲皁斗爲證其栗雖不得染皁其皮亦皁斗之類故與柞同爲皁物也云膏物謂楊柳之屬理致且白如膏者先鄭以物色上解之後鄭不從者以其上下云動植者皆不以色上爲名先鄭獨此一者取義於色故後鄭易之玄謂膏當爲櫜者經云膏是脂膏之膏於植物義無所取直是字誤故破從櫜也云蓮芡之實有櫜韜者以其是川澤所生故知是蓮芡之實皆有外皮櫜韜其實者也案大司樂一變而致川澤之示先言川澤後云山林者彼取神之易致爲先故先言川澤此取尊卑高下相對故先言山林也又彼云五變而致土示注云土祇原隰及平地此中不見平地者亦原隰中可以兼之也

因此五物者民之常而施十有二教焉一曰以祀禮教敬則民不苟二曰以陽禮教讓則民不爭三曰以陰禮教親則民不怨四曰以樂禮教和則民不乖五曰以儀辨等則民不越六曰以俗教

安則民不偷。七曰以刑教中則民不虣八曰以誓教恤則民不怠九曰以度教節則民知足十曰以世事教能則民不失職十有一曰以賢制爵則民慎德十有二曰以庸制祿則民興功

陽禮謂鄉射飲酒之禮也陰禮謂男女之禮昏姻以時則男不曠女不怨儀謂君南面臣北面父坐子伏之屬俗謂土地所生習也恤謂災危相憂民有凶患憂之則民不解怠度謂宮室車服之制世事謂士農工商之事少而習焉其心安焉因教以能不易其業慎德謂矜其善德勸爲善也庸功也爵以顯賢祿以賞功故書儀或爲義杜子春讀爲儀謂九儀○爭爭鬭之爭偷音偷又音揄虣薄報反解佳賣反少詩照反

【疏】因此至興功○釋曰上經云五地之物生動植及民生處不同是其常法今此十二教亦因民之所常生之處施之故云因此五物者之常而施十二教也云一曰以祀禮教敬則民不苟者凡祭祀者所以追養繼孝事死如事生但人於死者不見其形

多有致慢故禮云祭極敬也是以一曰以祀禮教敬死者尚敬則生事其親不苟且也○二曰以陽禮教讓則民不爭者謂鄉飲酒之禮酒入人身散隨支體與陽主分散相似故號鄉射飲酒爲陽禮也鄉飲酒即黨正飲酒之類是也黨正飲酒之時五十者堂下六十者堂上皆以齒讓爲禮則無爭故云以陽禮教讓則民不爭也○三曰以陰禮教親則民不怨者以陰禮謂昏姻之禮不可顯露故曰陰禮也男女本是異姓冕而親迎親之也親之也者親之也使之親已是皆禮相親之義昏姻及時則男女無有怨曠故云以陰禮教親則民不怨也○四曰以樂禮教和則民不乖者自一曰至三曰巳上皆有揖讓周旋升降之禮此樂亦云禮者謂饗燕作樂之時舞人周旋皆合禮節故樂亦云禮也凡人乖離皆由不相和合樂主和同民心故民不乖也○五曰以儀辨等則民不越者儀謂以卑事尊上下之儀有度以辨貴賤之等故云以儀辨等也民知上下之節不敢踰越故云則民不越也○六曰以俗教安則民不偷者俗謂人之生處習學不同若變其舊俗則民不安而爲苟且若依其舊俗化之則民安其業不爲苟且故云以俗教安則民不偷偷苟且也○七曰以刑教中則民不虣者刑者禁民虣亂今明刑得所民得中正不爲虣亂故云以刑教中則民不虣也○八曰以誓教恤則民不

怠者民有厄喪教之使相憂恤則民不懈怠也。九曰以度
教節則民知足者度謂衣服宮室之等尊卑不同以此法度
教之使知節數民知禮節自知以少爲足故云則民知足也
十曰以世事教能則民不失職者父祖所爲之業子孫述而
行之不失本職故云以世事教能則民不失職也。十有一
曰以賢制爵則民愼德者人有賢行制與之爵民皆謹愼矜
矜於善德以求榮寵故云以賢制爵則民愼德也。十有二
曰以庸制祿則民興功者庸功也人有功則制祿與之民皆
興其功業故云則民興功也此十二教以重急者爲先輕緩
者爲後。注陽禮謂鄉射飲酒之禮也陰禮謂男女之至九
儀。釋曰云陽禮謂鄉射飲酒之禮者以是陽禮而云教讓
其鄉射是州長射禮鄉飲酒是黨正飲酒皆有正齒位飲酒
爲敬讓之事故知陽禮是二事若然鄉中有鄉射鄉飲酒以
其州長黨正皆屬於鄉大夫或鄉大夫所居州黨故雖州長
射黨正飲酒亦號曰鄉也云陰禮謂男女之禮者以其言陰
又云不怨故知是男女昏姻之禮也云昏姻以時則男不曠
女不怨者此約雄雉詩序文軍旅數起大夫久役男女怨曠
注云國人久處軍役之事故男女多怨曠也男曠而苦其事
女怨而望其君子此經直云不怨據女而言文不具顯故鄭
兼言曠也若然彼詩據舊成夫婦此文據配合得時時雖不

同若失時怨曠不異故引爲證也云儀謂君南面臣北面父坐子伏之屬者案易乾鑿度云不易也者其位天在上地在下君南面臣北面父坐子伏此其不易也鄭依此言其不易也仍有天地不易不言故云之屬以兼之也云俗謂土地所生習也者謂若下曲禮云君子行禮不求變俗居喪之禮哭泣之位皆如其國之故而審行之是其故俗所習也云偷謂朝不謀夕者案春秋左氏襄公三十一年穆叔至自會見孟孝伯語之曰趙孟○將死矣其語偷又孝伯曰人生幾何誰能無偷朝不及夕將焉用樹穆叔出而告人曰孟孫將死矣吾語諸趙孟之偷也而又甚焉昭元年天王使劉定公勞趙孟於潁館於洛汭劉子曰美哉禹功明德遠矣微禹吾其爲魚乎吾與子弁冕端委以治民臨諸侯禹之力也子盍遠績禹功而大庇民乎對曰老夫罪戾是懼焉能恤遠吾儕偷○食朝不謀夕何其長也劉子歸以語王曰諺所謂老將智而耄○及之者以此而言之鄭似依昭元年傳也云恤謂災危相憂民有凶患憂之則○不懈怠者災危凶憂謂若遭水旱之災歲凶年穀不登有無相濟是其相憂令不懈怠也云度謂宮室車服之制者謂若典命云上公九命國家宮室車旗衣服禮儀及侯伯子男已下各依命數是其制度也云世事謂士農工商之事少而習焉其心安焉因教以能不易其業者案齊語

云桓公曰成民之事若何管子曰四民者勿使雜處雜處則亂昔聖王處士就閒燕處工就官府處商就市井處農就田野又云士之子恒爲士工之子恒爲工商之子恒爲商農之子恒爲農少而習焉其心安焉是世事也云慎德謂矜其善德勸爲善者民能矜矜然求其善德又相勸爲善也云庸功也者此經云以庸制祿司士云以功詔祿庸即功其理同也云故書儀或爲義杜子春讀爲儀者不從故書讀從大宗伯九儀一命至九命作伯也

以土宜之灋辨十有二土之名物以相民宅而知其利害以阜人民以蕃鳥獸以毓草木以任土事

十二土分野十二邦上繫十二次各有所宜也相占視也阜猶盛也蕃蕃息也育生也任謂就地所生因民所能○相息亮反注同毓音育分扶問反〔疏〕以土至土事○釋曰云以土宜之法辨十有二土之名物者十二土各有所宜不同所出之物及名皆異故云以土宜之法辨十有二土之名物也云以相民宅者謂既知十二土之所宜以相視民居使之得所也云而知其利害者十二土之中利處居之害處遠之以阜盛人民以蕃息鳥獸以毓生草木者皆由知利害

使之然也云以任土事者辨十有二土任人性居之○注十二至所能○釋曰十二土分野十二邦上繫十二次各有所宜也者案保章氏以星土辨九州之地注云星土星所主土也又云大界則曰九州州中諸國之封域於星亦有分焉其書亡矣堪輿雖有郡國所入度非古數也今其存可言者十二次之分也星紀吳越也玄枵齊也娵訾衛也降婁魯也大梁趙也實沈晉也鶉首秦也鶉火周也鶉尾楚也壽星鄭也大火宋也析木燕也如是天有十二次日月之所躔地有十二土王公之所國又周語伶州鳩云昔武王伐商歲在鶉火又云歲之所在則我之分野故知分野十二邦上繫十二次各有所宜也若然唐虞及夏萬國殷周千七百七十三國皆依附十二邦以繫十二次若吳越同次之類也凡繫星之法皆因王者所命屬焉故昭元年左傳云晉侯有疾鄭公孫僑如晉聘且問疾叔向問焉曰寡君之疾病卜人曰實沈臺駘爲祟史莫之知敢問此何神也子產曰昔高辛氏有二子伯曰閼伯季曰實沈居於曠林不相能也日尋干戈以相征討后帝不臧遷閼伯於商丘主辰商人是因故辰爲商星遷實沈於大夏主參唐人是因以服事夏商又云及成王滅唐而封大叔焉故參爲晉星又襄九年晉士弱云陶唐氏之火○正閼伯居商丘祀大火相土因之故商主大火是皆先王命

祀之法也案元命包云國君王者封上應列星之位注云若角亢爲鄭房心爲宋比其餘小國不中星者以爲附庸若然附庸不繫星其餘皆繫星也又云任謂就地所生因民所能者地之所生出物不同民之所資事業有異謂若居山者利其金玉錫石禽獸材木居澤者利其魚鹽居陸者利其田蠶是其任謂就地所生因民所能而居之也

辨十有二壤之物而知其種以教稼穡樹蓺壤亦土也變言耳以萬物自生焉則言土土猶吐也以人所耕而樹蓺焉則言壤壤和緩之貌詩云樹之榛栗又曰我蓺黍稷蓺猶蒔也○種章勇反榛則人反蒔時至反〔疏〕辨十至樹蓺○釋曰此十二壤即上十二土上經論居人物之事此經辨其種殖所宜故變其文云辨十二壤之物者分別物之所生而知其所殖之種遂即以教民春稼秋穡以樹其木以蓺其黍稷也○注壤亦至蒔也○釋曰上經既欲居民不必皆須樹蓺故云土取萬物自生爲名此經據樹蓺而言故變云壤取和緩爲義故鄭云變言耳詩云樹之榛栗是定之方中詩引之證經樹是植木又曰我蓺黍稷是楚茨之詩引之證經蓺是黍稷也

以土均之灋辨五物九等制天下之地

征以作民職以令地貢以歛財賦以均齊天下之政

均平也五物五地之物也九等騂剛赤緹之屬征稅也民職民九職也地貢貢地所生謂九穀財謂泉穀賦謂九賦及軍賦○騂雖營反緹音低

【疏】以土至之政○釋曰以土均之法辨五物者即上山林川澤之等是也云九等者據五地之內分爲九等之地騂剛赤緹之屬其種所宜不同也云制天下之地征者言天下則并畿外邦國所稅入天子而言也此地征與下爲目也以作民職者民有職業乃可稅之云以令地貢者地貢即九職之稅也云以歛財賦者歛財即大宰九賦歛財賄一也既言財又別言賦者欲見財既爲九賦歛財賦中又兼有軍賦故財賦殊言之云以均齊天下之政者大司徒以法均齊之天下皆使依法故云均齊天下之政也○注均平至軍賦○釋曰九等知是騂剛之屬者但地或云十等或云五地或云十二土皆無云九等者案草人職云騂剛赤緹之屬有九等皆是地勢所宜糞種之法故鄭以騂剛赤緹之屬解之云地貢貢地所生謂九穀者案大宰以九職任萬民即云一曰三農生九穀此經云以作民職爲九職即云令地貢明貢是九穀可知云財謂泉穀者案大宰云以九賦歛財賄彼注亦云財泉穀則以

泉穀當賦泉之數也云賦謂九賦及軍賦者以經云財賦不得爲一事解之今鄭以賦爲軍賦者則賦中兼軍賦謂甲士三人步卒七十二人之等

以土圭之灋測土深正日景以求地中日南則景短多暑日北則景長多寒日東則景夕多風日西則景朝多陰

土圭所以致四時日月之景也云測猶度也不知廣深故曰測故書求爲救杜子春云爲求鄭司農云測土深謂南北東西之深也日南謂立表處大南近日也日北謂立表處大北遠日也景夕謂日跌景乃中立表之處大東近日也景朝謂日未中而景中立表處大西遠日也立謂晝漏半而置土圭表陰陽審其南北景短於土圭謂之日南是地於日爲近南也景長於土圭謂之日北是地於日爲近北也東於土圭謂之日東是地於日爲近東也西於土圭謂之日西是地於日爲近西也如是則寒暑陰風偏而不和是未得其所求凡日景於地千里而差一寸○深尺鴆反景如字本或作影非下及注同度待洛反下同近附近之近下同遠日于萬反跌待結反

疏 以土至多陰○釋曰案玉人職云土圭尺有五寸周公攝政四年欲求土中而

營王城故以土圭度日景之法測度也度土之深深謂日景長短之深也正日景者夏日至晝漏半表北得尺五寸景正與土圭等即地中也故云正日景以求地中也日南則景短多暑者周公度日景之時置五表五表者於潁川陽城置一表爲中表中表南千里又置一表中表北千里又置一表中表東千里又置一表中表西千里又置一表今言日南景短多暑者據中表之南而言亦晝漏半立八尺之表表北得尺四寸景不滿尺五寸不與土圭等是其日南是地於日爲近南景短多暑不堪置都之事北云日北者據中表之北表而言亦晝漏半表北得尺六寸景是地於日爲近北是其景長多寒之事也云日東則景夕多風者據中表之東表而言亦於晝漏半中表景得正時東表日已跌矣是地於日爲近亦晝漏半已得夕景故云景夕多風云日西則景朝多陰者爲中表之西表而言是地於日爲近西亦於晝漏半中表景得正時西表日未中乃得朝時之景故云日西則景朝多陰此經皆未得所求耳解洪範之義依五行傳風屬中央雨屬東方今西方云多陰東方云多風者土爲木妻木爲金妻從妻所好故月離於箕風揚沙月離於畢俾滂沱故此東方多風西方多陰陰即雨也○注土圭至一寸釋曰案馮相氏云冬夏致日春秋致月皆以土圭度之是以冬官考工記云土圭尺

有五寸以致日鄭云土圭所以致四時日月之景也云測猶度。不知廣深故曰測者廣深猶遠近以經云測土深故鄭云廣深也鄭司農云測土深謂南北東西之深也者先鄭據經云日南日北日東日西皆以土圭測度之先鄭又云日南謂立表處大南近日云云先鄭之意曰於地中而在南故以南表爲近日北表爲遠日日出東方而西流故以東表爲近日西表爲遠日云景夕謂日昳景乃中者於晝漏半東表日昳中表景乃中又云景朝謂日未中而景中者亦於晝漏半西表日未中而中表景乃中也玄謂晝漏半而置土圭表陰陽審其南北者後鄭釋景長短之意度景之法冬至夏至皆可爲之皆據晝漏半者以取日正午乃得其端直也云表陰陽者東方西方是陰陽故別云審其南北也又云景短於土圭謂之日南是地於日爲近南云。後鄭之義與先鄭不殊更云是地於日爲近南已下者先鄭云近日遠日恐人以爲南方東方地高爲近日北方西方地下爲遠日有此地高下之嫌故後鄭增成先鄭之義取云是地於日爲近北於日爲近東於日爲近西四方之表皆去中表千里而云是立表之處其地於天下之日爲近南爲近北爲近東爲近西也云如是則寒暑陰風偏而不和是未得其所求者此言對下經地中是陰陽風雨和會爲得所求也云凡日景於地千里而差一寸者案三光考靈耀云四游升降於三萬里中下云日至之景尺有五寸謂之地中則是半三萬里而萬五千里與土圭等是千里差一寸筭法亦然言此者欲見經日南日北之等皆去中表千里爲術景長景短皆差一寸耳知表皆高八尺而以晝漏半者以其通卦驗云冬日至樹八尺之表日中視其晷是以知用八尺表而以晝漏半度景也

日至之景尺有五寸謂之地中天地之所合也四時之所交也風雨之所會也陰陽之所和也然則百物阜安乃建王國焉制其畿方千里而封樹之

景尺有五寸者南戴日下萬五千里地與星辰四游升降於三萬里之中是以半之得地之中也畿方千里取象於日一寸爲正樹樹木溝上所以表助阻固也鄭司農云土圭之長尺有五寸以夏至之日立八尺之表其景適與土圭等謂之地中今潁川陽城地爲然

〔疏〕日至至樹之○釋曰上經置五表於四方四表未得所求今於中表夏日至亦晝漏半立八尺之表表北得景尺有五寸景與土圭等謂之地中於此地中之所天地之所合

也者天地不合萬物不生天地配合萬物乃生故樂記云天地訢合是也四時之所交也者即尚書所云宅南交孔云言夏與春交舉一隅以見之則秋與夏交冬與秋交春與冬交可知故云四時所交也風雨之所會也者風雨所至會合人心謂若禮器云饗帝於郊風雨寒暑時是也陰陽之所和也者謂若昭四年左氏申豐云冬無愆陽夏無伏陰是其陰陽和也然則百物阜安者摠結上句所合已下然尤如是阜盛也如是四事得所則百物盛安也乃建王國焉者建立也於此盛安之處乃立王之國城焉制其畿方千里者王畿千里以象日月之大中置國城面各五百里制畿界而封樹之者於畿疆之上而作深溝土在溝上謂之爲封封上樹木以爲阻固故云而封樹之○注景尺至爲然○釋曰云景尺有五寸者欲釋經景尺有五寸得地中之意云南戴日下萬五千里者景一寸差千里故於地中尺五寸景去南戴日下萬五千里云地與星辰四游升降於三萬里之中者考靈耀文言四游升降者春分之時地與星辰復本位至夏至之日地與星辰東南游萬五千里下降亦然至秋分還復正至冬至地與星辰西北游亦萬五千里上升亦然至春分還復正進退不過三萬里故云地與星辰四游升降於三萬里之中是以半之得地之中也云畿方千里取象於日一寸爲正者鄭注

王制象日月之大亦取畧同此云取象於日一寸爲正不言象日月之大者畧不言之矣云一寸爲正者卽是景一寸地千里與王制注畧同一也案元命包云日圓望之廣尺以應千里故鄭注王制云象日月之大也又案考靈耀曰從上臨下八萬里天以圓覆地以方載河圖括地象曰天不足西北地不足東南西北爲天門東南爲地戸天門無上地門無下又云極廣長南北二億三萬三千五百里東西二億三萬三千里又云天左動起於牽牛地右動起於畢廣雅云天圜南北二億三萬三千五百里七十五步東西短減四步周六億十萬七百里二十五步從地至天億一萬六千七百八十七里半下度地之厚與天高等天度云東方七宿七十五度南方七宿百一十二度西方七宿八十度北方七宿九十八度四分度之一四方三百六十五度四分度之一度二千九百三十二里二十八宿間相距積百七萬九百一十三里徑三十五萬六千九百七十里鄭司農云潁川陽城地爲然者潁川郡陽城縣是周公度景之處古跡猶存故云地爲然也案春秋左氏武王克商遷九鼎於洛邑欲以爲都不在潁川地中者武王欲取河洛之間形勝之所洛都雖不在地之正中潁川地中仍在畿內若然武王巳遷鼎於洛欲以爲都周公又度景求地中者武王雖定鼎訖周公更度之者所以審慎

故案書傳云四年建侯衛五年營成周建侯衛者在尚書康誥封康叔是也案康誥云惟三月哉生魄周公初基作新大邑于東國洛四方之民大和會注云岐鎬之域處五岳之外周公爲其於政不均故東行於洛邑合諸侯謀作天子之居四方民聞之同心來會樂即功作効其力焉是時周公居攝四年也又案召誥惟三月丙午朏注云是時周公居攝五年越三日戊申大保朝至於洛卜宅厥既得卜則經營之若然洛邑在攝政四年初爲基止至五年乃正營之也　凡建邦國以土圭土其地而制其域諸公之地封疆方五百里其食者半諸侯之地封疆方四百里其食者參之一諸伯之地封疆方三百里其食者參之一諸子之地封疆方二百里其食者四之一諸男之地封疆方百里其食者四之一　土其地猶言度其地鄭司農云土其地但爲正四方耳其食者半公所食租稅得其

半耳其半皆附庸小國也屬天子參之一者亦然故魯頌曰錫之山川土地附庸奄有龜蒙遂荒大東至于海邦論語曰季氏將伐顓臾孔子曰先王以爲東蒙主且在邦域之中是社稷之臣此非七十里所能容然則方五百里四百里合於魯頌論語之言諸男食者四之一適方五十里獨此與今五經家説合耳玄謂其食者半參之一四之一者土均均邦國地貢輕重之等其率之也公之地以一易侯伯之地以再易子男之地以三易必足其國禮俗喪紀祭祀之用乃貢其餘若今度支經用餘爲司農穀矣大國貢重正之也小國貢輕字之也凡諸侯爲牧正帥長及有德者乃有附庸爲其有祿者當取焉公無附庸侯附庸九同伯附庸七同子附庸五同男附庸三同進則取焉退則歸焉魯於周法不得有附庸故言錫之也地方七百里者包附庸以大言之也附庸二十四言得兼此一等矣○疆居良反下同顓之宣反臾音榆率音律又音類後注同正之音征字如字一音茲爲其于僞反

【疏】凡建至之一○釋曰上經既陳天子之國幷畿內千里此經説諸侯邦國故云凡建邦國以土圭土其地土猶度也以土圭度其地假令封上公五百里國北畔立八尺之表夏至晝漏半得尺五寸景與土圭等南畔得尺四寸五分其中減五分一分百里五分則五百里減四分則四百里封侯

減三分則三百里封伯減二分則二百里封子減一分則一百里封男是土其地之法而制其域者自上公五百里已下境界皆有營域封圻云諸公之地封疆方五百里其食者半者言天子封公以五百里之地其一國之稅天子食其半云諸侯之地封疆方四百里其食者參之一者謂三分之天子食其一分云諸伯之地封疆方三百里其食者參之一者亦與侯同云諸子之地諸男之地皆云四之一者謂摠得一國之稅四分之天子食其一分故云其食者四之一其天子所食者皆謂諸侯市取美物以貢天子即大宰九貢是也其公之稅有半侯伯有三之二子男有四之三皆自入充國家畜積禮俗喪紀之用也○注土其至等矣○釋曰土其地猶言度其地者案上經以土圭之法測土深測猶度也此經云以土圭土其地以土正當測處故云土其地猶言度其地也司農云土其地但爲正四方耳者司農意案上經天子度取土中此封諸侯但正四方而已不求土中故云但爲正四方謂五百里四百里之等云其食者半公所食租稅得其半耳其半皆附庸小國也屬天子參之一亦然者司農意以經云其食者半與參之一四之一皆自食其餘並入天子故云其食者半公所食租稅得其半耳其半皆附庸小國也屬天子參之一亦然也先鄭雖不云四之一司農意亦四分分之三分

入天子一分自食司農之義於經文雖似通若然則大國貢輕次國小國貢重非字小之法於義不可故後鄭不從引魯頌曰錫之山川已下至社稷之臣此司農之意上公已下盡有附庸魯雖侯爵受五百里之國明堂位云七百里者五百里外並是附庸即公五百里者亦半爲附庸故上注云其半指附庸是也云此非七十里所能容者司農之意見孟子何休之徒言周之制無五百里四百里國魯國唯有七十里而已故破諸家據魯頌論語非七十里之所能容也云然則方五百里四百里合於魯頌論語之言者司農據此經公五百里侯四百里與魯頌論語合亦是破諸家之意云諸男食者四之一適方五十里者司農意男國百里開方得五十里者四經云其食者四之一謂三分入天子一分自食所食者唯有五十里云獨此與今五經家說合耳者五經家謂若張苞何休孟子等皆以爲周法公侯方百里伯七十里子男五十里子男五十里故男食五十里是與五經家說合若自子巳上以百里七十里國於此經二百里已上四之一三之一不合故直舉男地而言玄謂其食者半參之一四之一者上均均邦國地貢輕重之等者案下土均云均地貢均即此所均征稅邦國地貢輕重是也云其率之也公之地以一易侯伯之地以再易子男之地以三易者其民受地有一易再易故

此諸侯之地據貢入天子以耕之者入諸侯者以易而不耕者故以公之地貢半似二百畝佃半也侯伯之地三之一貢入天子似家三百畝佃百畝留二分似荒廢者也子男之地以三易四之一貢與天子似家得四百畝佃百畝留三分似三百畝不耕者也民但家無三易之地直以況義耳云必足其國禮俗喪紀祭祀之用乃貢其餘者後鄭意釋公國貢半已下漸少之意言公受地廣稅物多但留半自用即足其國俗喪紀及畜積之用故以半爲餘貢入天子其侯伯受地差少則其稅亦少故三分之二留自用乃足其國以一分爲餘貢入天子其子男受地又少其稅轉少故四分之乃足其國亦以一分爲餘貢入天子注雖不言畜積但言足其國明畜積在中乃得云足故王制云國無九年之畜曰不足是也云若今度支經用餘爲司農穀矣者度支經用似國家喪紀所用餘爲司農穀矣者入天子故據漢法以況之云大國貢重正之也小國貢輕字之也者謂若四之一是也字愛也謂愛小國之法若然三之一者是不輕不重後鄭言此者破先鄭其食者四之一三分貢與天子三之一者二分貢與天子非字小之法又見采地之稅四之一一分貢與天子故不從先鄭之義云凡諸侯爲牧正帥長及有德者乃有附庸者案王制云五國以爲屬屬有長十國以爲連連有帥三十國以爲

卒卒有正二百一十國爲州州有伯伯即牧也此牧正帥長皆是有功諸侯乃得爲之有功即有附庸又諸侯有德雖不爲牧正帥長亦得有附庸故鄭總云諸侯牧正帥長及有德者乃有附庸焉云爲其有祿者當取焉者謂取間田爲附庸以爲祿也云公無附庸者以其天子畿方千里上公五百里地極故無附庸也云侯附庸九同者以其侯有功進受公地但公五百里開方之方百里者五五二十五侯四百里開方之四四十六加九同則爲二十五同與公等故知侯附庸九同云伯附庸七同者伯地三百里三三而九加七同則爲十六同與侯等故知伯附庸七同也云子附庸五同男附庸三同者以其子有功進受伯地加五同與伯等男有功受子地男本一同加三同與子等開方之皆可知云進則取焉退則歸焉者進則取焉謂附庸者退則歸焉者謂爲間田者也故王制一州之內二百一十國其餘以爲附庸間田併言之矣云魯於周法不得有附庸故言錫之也者魯雖爲侯爵以其王子母弟雖爲侯伯畫服如上公受五百里之地與上公等成王以周公制典法之勳賜魯以侯伯子男四等附庸故明堂位云地方七百里鄭云方七百里者包附庸以大言之也又云附庸二十四言得兼此四等矣者魯本五百里四面各加百里四五二十即二十同四角又各百里爲四同故云附

庸二十四言周公有德兼侯九同伯七同子五同男三同故云兼此四等矣凡言同者皆百里地百里則爲國周法不滿百里乃爲附庸今皆名附庸爲同者但附庸實不滿百里積集附庸成同并數之矣假令男附庸三同附庸國則多矣據成周而言三耳自餘五同七同巳上其義可知也

凡造都鄙制其地域而封溝之以其室數制之不易之地家百畮一易之地家二百畮再易之地家三百畮

都鄙王子弟公卿大夫采地其界曰都鄙所居也王制曰天子之縣內方百里之國九七十里之國二十有一五十里之國六十有三此蓋夏時采地之數周未聞矣春秋傳曰遷鄭焉而鄙留城郭之宅曰室詩云嗟我婦子曰爲改歲入此室處以其室數制之謂制上甸之屬王制曰凡居民量地以制邑度地以居民地邑民居必參相得鄭司農云不易之地歲種之地美故家百畮一易之地休一歲乃復種地薄故家二百畮再易之地休二歲乃復種故家三百畮○畮本亦作古畮字同劉常証反復扶又反下同○

【疏】凡造至百畮○釋曰上言王畿及諸侯邦國至此更言畿內都鄙三等采地云凡造

都鄙制其地域者案載師職家邑任稍地小都任縣地大都任畺地又下文小司徒職云四丘爲甸四甸爲縣四縣爲都家邑二十五里小都五十里大都百里是造都鄙制其地域也云而封溝之者謂三等采地四境界上皆有溝封而樹之以爲阻固云以其室數制之者其室在都邑之內而云制之者依其城内室數於四野之中制地與之謂若九夫爲井四井爲邑四邑爲丘四丘爲甸四甸爲縣四縣爲都之等是也云不易之地家百晦者此謂上地年年佃之故家百晦云一易之地家二百晦者謂年別佃百晦廢百晦云再易之地家三百晦者以其地薄年年佃百晦廢二百晦三年再易乃徧故云再易也○注都鄙至百晦○釋曰言都鄙王子弟公卿大夫采地者公在大都卿在小都大夫在家邑其親王子母弟與公同在大都次疏者與卿同在小都次更疏者與大夫同在家邑故摠云都鄙王子弟公卿大夫采地也云其界曰都鄙所居也者三等采地皆有城郭是其鄙所居也據其四境即是其界曰都又引王制曰天子之縣內方百里之國九云云又云此蓋夏時采地之數者案殷周皆稱畿內王制云縣內疑是夏時故云此蓋夏時采地之數也云周未聞矣者案洛誥傳云天下諸侯人來進受命於周退見文武之尸者千七百七十三諸侯注云八州州立二百一十國畿內九十

三國云畿内九十三國即此都鄙之數有文矣而云未聞者以無正文故疑焉或未可聞其大國次國小國各有畿國故云未聞其實揔數則聞之矣云春秋傳曰遷鄭焉而鄙留者案桓十一年夏五月鄭伯寤生卒秋七月葬鄭莊公九月宋人執鄭祭仲公羊云祭仲者何鄭相也何以不名賢乎祭仲以爲知權也其爲知權奈何古者鄭國處於留先鄭伯有善於鄶公者通乎夫人以取其國而遷鄭焉而野留莊公死已葬祭仲將往省于留塗出於宋宋人執之謂之曰爲我出忽而立突祭仲不從其言則君必死國必亡從其言則君可以生易死國可以存易亡是以謂之權也野鄙不同者何鄭所見傳異也案玄發墨守云鄭始封君曰桓公者周宣王之母弟國在宗周畿内今京兆鄭縣是也桓公生武公武公生莊公遷易東周畿内國在虢鄶之閒今河南新鄭是也武公生莊公因其國焉留乃在陳宋之東鄭受封至此適三世安得古者鄭國處於留祭仲將往省留之事乎是鄭君不從公羊引之者直取鄙所居爲義也其鄭居留之事猶自不取也所謂文取而義不取也云城郭之宅曰室又引詩者是七月詩取證室在城内於其室數制城外井邑又云制之謂制丘甸之屬者案下小司徒云四井爲邑以至丘甸縣都是也又引王制者欲見邑在城外居在城内外内多少必參相得之事

乃分地職奠地守制地貢而頒職事焉以爲地灋而待政令分地職分其九職所宜也定地守謂衡麓虞候之屬制地貢謂九職所稅也頒職事者分命使各爲其所職之事○奠劉音定〔疏〕注分地至之事○釋曰分地職分其九職所宜也者上經既授上中下地此經云分地職故知分地職者是分九職所宜九職則大宰云一曰三農生九穀是也所宜謂若孝經注高田宜黍稷下田宜稻麥之類是也云定地守謂衡麓虞候之屬者案昭二十年左氏傳晏子云山林之木衡麓守之澤之萑蒲舟鮫守之藪之薪蒸虞候守之海之鹽蜃祈望守之注云衡麓舟鮫虞候祈望皆官名也守之令民不得取之不共利時景公設此守以致疾故晏子所非非其不與民同鄭引之者以證地守之官若然此地官唯有衡虞無舟鮫祈望者此周禮舉其大綱左氏言其細別故詳略不同云制地貢謂九職所稅也者此地貢文承地職之下明非諸侯地貢是其九職任之九稅斂之若三農生九穀則稅九穀園圃毓草木則稅草木之類是也云頒職事者分命使各爲其所職之事者分命之言案尚書堯典分命羲仲宅嵎夷中命羲叔宅南郊○分命和仲宅西曰昧谷中命和叔宅朔方此閒頒職事

亦是分命使各爲其所職之事典田之官各有所掌以荒政十有二聚萬民一曰散利二曰薄征三曰緩刑四曰弛力五曰舍禁六曰去幾七曰眚禮八曰殺哀九曰蕃樂十曰多昏十有一曰索鬼神十有二曰除盜賊荒凶年也鄭司農云救飢之政十有二品散利貸種食也薄征輕租稅也弛力息繇役也去幾關市不幾也眚禮掌客職所謂凶荒殺禮者也多昏不備禮而娶昏者多也索鬼神求廢祀而修之雲漢之詩所謂靡神不舉靡愛斯牲者也除盜賊急其刑以除之飢饉則盜賊多不可不除也杜子春讀蕃樂爲藩樂謂閉藏樂器而不作玄謂去幾去其稅耳舍禁若公無禁利眚禮謂殺吉禮也殺哀謂省凶禮○弛式氏反舍音捨殺所界反徐所例反注同蕃方袁反

〔疏〕以荒至盜賊○釋曰言以荒政十有二者上經見分地職則有年穀不熟之時恐民離散故以救荒之政十有二條以聚萬民使不離散一曰散利者謂豐時聚之荒時散之積而能散使民利益故云一曰散利二曰薄征者薄輕也

征稅也謂輕其稅三曰緩刑者謂凶年犯刑緩縱之四曰弛力者弛放其力役之事五曰舍禁者舍山澤所遮禁者舍去其禁使民取蔬食六曰去幾者幾謂呵禁謂關市去稅而幾之七曰眚禮者謂吉禮之中眚其禮數八曰殺哀者謂凶禮之中殺其禮數九曰蕃樂者蕃謂閉藏樂器而不作十曰多昏者謂凶荒殺禮昏者多十有一曰索鬼神者謂凶年禱祈搜索鬼神而禱祈之十有二曰除盜賊者凶年盜賊多急其刑以除之○注荒凶至凶禮○釋曰下曲禮云歲凶年穀不登即此一荒也故云荒凶年也鄭司農云救飢之政十有二品者年穀不熟而民飢故設政教以救之故云救飢之政十有二品十二品即十二條各有品列而不同云散利貸種食也者謂豐時斂之凶時散之其民無者從公貸之或為種子或為食用至秋熟還公據公家為散據民往取為貸故云散利貸種食云薄征輕租稅也者案司稼云巡野觀稼出斂法注云豐年從正儉有所殺若今十傷二三實除減半是輕租稅也云弛力息繇役也者案均人云豐年則公均用三日中年則公均用二日無年則公均用一日此云弛力謂人食不能二鬴之歲則移民就穀無力役之事故均人又云凶札則無力政財賦是也云去幾關市不幾者此後鄭不從以其雖凶年猶幾呵但去稅而已云眚禮掌客職所謂凶荒殺禮者也

則後鄭不從者掌客所云凶荒殺禮其總目語無所指斥故鄭以爲昏吉禮云多昏不備禮而娶昏者多也者昏禮有六幷有玄纁束帛凶荒爲昏不可備行此禮使有女之家得減口數有男之家易得其妻故娶昏者多也云索鬼神求廢祀而修之者年有凶災鬼神不佑經云索鬼神謂搜索鬼神而祭之是求廢祀而修之求廢祀而修之即雲漢之詩靡神不舉是也連引靡愛斯牲者見索鬼神是祈禱之事須牲體以薦之案左氏莊二十五年傳云天災有幣無牲此詩云靡愛斯牲者若天災之時祈禱無牲災成之後即有牲體故云靡愛斯牲云除盜賊急其刑以除之饑饉則盜賊多不可不除也者上文既言緩刑其餘盜賊用急刑乃上下文爲妨故鄭云饑饉則盜賊多不可不除故須急其刑以除之杜子春云讀蕃樂爲藩樂謂閉藏樂器而不作者經云蕃者是蕃育之字故讀從藩是藩閉之字案大司樂云大凶大烖令弛縣注云弛釋下之若令休兵鼓之爲彼又云日月食四鎮五嶽崩諸侯薨令去樂注云去樂藏之引春秋傳曰壬午猶繹萬入去籥萬言入則去者不入藏之可知彼之二文云令弛縣據路寢常縣之樂釋下之去樂據廟中祭時暫縣之樂去而藏之此云藩樂謂閉藏樂器據廟中祭祀藏去樂器而不作若然祭祀不作明路寢常縣亦釋下之互見其義玄謂去幾去其

稅耳者破先鄭之義全不幾後鄭必直去其稅猶幾之者案司關云國凶札則無門關之征猶幾明知司農之義非云舍禁若公無禁利者案左傳襄公九年冬公會晉侯伐鄭同盟于戲晉侯歸謀所以息民魏絳請施舍輸積聚以貸自公以下苟有積者盡出之國無滯積亦無困人公無禁利杜注云與民共是也云眚禮謂殺吉禮也云殺哀謂省凶禮者此破司農之義司農引掌客職凶荒殺禮證眚禮後鄭之意凶荒殺禮是揔目之言不專於吉禮鄭知眚禮專是吉禮者以其下有殺哀與眚禮相對故知眚禮專是吉禮也案襄公二十四年冬大饑穀梁傳云五穀不升為大饑一穀不升謂之嗛二穀不升謂之饑三穀不升謂之饉四穀不升謂之康五穀不升謂之大侵大侵即大饑一也又案廩人云人食四鬴上也三鬴中也二鬴下也若食不能人二鬴則令移民就穀不能人二鬴之歲即是大饑年也此云荒政者亦據大凶年為義案均人云凶札無力政財賦此既據大饑猶云薄征者此經雖主大饑兼記一穀二穀不熟之歲故有輕稅也此鄭云荒凶年則荒與凶一也案大司樂大札大凶大荒大凶則亂其實凶荒是一故宗伯云以荒禮哀凶札是凶荒不異司農凶荒別文者以凶為凶年以荒為荒亂兼見斯義故凶荒別文也

以保息六養萬民

一曰慈幼二曰養老三曰振窮四曰恤貧五曰寬疾六曰安富保息謂安之使蕃息也慈幼謂愛幼少也產子三人與之母二人與之餼十四以下不從征養老七十養於鄉五十異粻之屬振窮拼捄天民之窮者也窮者有四曰矜曰寡曰孤曰獨恤貧貧無財業稟貸之寬疾若今癃不可事不筭卒可事者半之也安富平其繇役不專取○少詩照反拼音拯捄音救本亦作拯救矜古頑反癃音隆卒子忽反

【疏】以保至安富○釋曰上經既陳凶荒不安之事故此經陳安養萬民之道云以保息六養萬民者民不安即不得蕃息安則蕃息保安也民使蕃息有六條以養萬民故云以保息六養萬民也○保息至專取○釋曰云產子三人與之母二人與之餼皆是越語范蠡欲速報吳爲此權禮使國民衆多故令國人壯者無取老婦老者無取壯妻女子十七不嫁父母有罪丈夫二十不娶亦罪其父母生丈夫三壺酒一犬生女子一壺酒一豚生三人公與之母生二人與之餼引之者見其愛幼少之法不必盡如其禮云十四以下不從征者案鄉大夫職國中七尺野自六尺皆不從征案論語云可以託六尺之孤注云六尺謂年十五則十五從征十四以下不從征可知亦是愛

幼之事也云養老七十養於鄉者案王制云五十養於鄉六十養於國七十養於學彼謂大夫士也王制又云凡三王養老皆引年注云已而引戶校年當行復除也老人衆多非賢者不可皆養故食貨志云七十已上所養也此云七十養於鄉亦謂有賢行者也云五十異粻之屬者是王制文禮記常法庶人食稷士兼食黍大夫又加以粱今雖庶人至五十或與士大夫同食黍粱故云異粻云振窮拼救天民之窮者也窮者有四曰矜曰寡曰孤曰獨者案王制云老而無妻者謂之矜老而無夫者謂之寡少而無父者謂之孤老而無子者謂之獨鄭依此而言此四者天民之窮而無告者也皆有常餼故曰振窮云恤貧貧無財業稟貸之者案旅師云凡用粟春頒而秋斂之注云困時施之饒時收之是其恤貧之法故云無財業稟貸之云寬疾若今癃不可事不筭卒者漢時癃病不可給事不筭計以爲士卒若今廢疾者也云可事者半之也者謂不爲重役輕處使之取其半功而已似今殘疾者也是其寬饒疾病之法云安富平其繇役不專取者言繇役均平又不專取則富者安故云安富也

以本俗六安萬民一曰媺宮室二曰族墳墓三曰聯兄弟四曰聯師儒五

曰聯朋友六曰同衣服本猶舊也美善也謂約椓攻堅風雨攸除各有攸宇族猶類也同宗者生相近死相迫連猶合也兄弟昏姻嫁娶也師儒鄉里教以道藝者同師曰朋同志曰友同猶齊也民雖有富者衣服不得獨異。䉺音美聯兄弟一本作聚兄弟椓陟角反

〔疏〕以本至衣服。釋曰上經陳養萬民之法此經說安民庶之道以本俗六安民者本舊也不依舊俗創立制度民心不安若依舊俗民心乃安故以本俗六條以安民也。注本猶至獨異。釋曰云謂約椓攻堅風雨攸除各有攸宇者此斯干美宣王之詩也案彼詩云約之閣閣約謂搯土椓之橐橐椓謂築之橐橐用力是其約椓攻堅攸所也能使風雨所除宇居也君子小人各有所居引之者證美宮室也經云䉺宮室明不使華美故以攻堅解之云族猶類也同宗者一生相近死相迫者案左氏傳云非我族類其心必異族類是一故云族猶類也經云族墳墓是死相迫明生時居住相近可知故鄭云同宗者生相近死相迫也云連猶合也兄弟昏姻嫁娶也者案爾雅釋親云父之黨爲宗族母與妻黨爲兄弟則兄弟之名施於外親爲正又案喪服記兄弟皆有。外邦及與兄弟居彼皆據同宗小功已下知此兄弟是昏姻非是同宗者見上云族墳墓是同宗明此兄弟施於外姓

昏姻故爾雅又云婦之黨爲昏兄弟夫婦相名亦爲兄弟故曾子問曰不得嗣爲兄弟是以知兄弟是婿姻也云師儒鄉里教以道藝者以其鄉立庠州黨及遂皆立序致仕賢者使教鄉閭子弟鄉閭子弟皆相連合同就師儒故云連師儒也又案保氏職掌養國子以道故云教以道藝也云同師曰朋同志曰友者案學而云有朋自遠方來是朋者在學之稱此友與朋連文則亦是在學之稱且此朋友之文復在師儒之下但朋疏而多友親而少故云同師曰朋同志曰友此朋友據在學案尚書泰誓武王云我友邦冢君是謂諸侯爲友洛誥云孺子其朋謂羣臣爲朋朋友之文所施廣矣鄭君皆望文爲義是以所注不同也云同猶齊也民雖有富者衣服不得獨異者士已上衣服皆有采章庶人皆同深衣而已故云民雖有富者衣服不得獨異並皆齊等也

正月之吉始和布教于邦國都鄙乃縣教象之灋于象魏使萬民觀教象挾日而斂之乃施教灋于邦國都鄙使之各以教其所治民正月之吉周正月朔日也司徒以布五教至正歲又書教法而縣焉○縣音玄

注同挾于協反 疏 正月至治民。釋曰正月之吉者謂建子之月一日也始和者從十二教已下於此月之時始調和也政教皆有故法依舊而行之言始和者若改造云爾其實不改造也始以對終對下縣之是在建寅之月爲終也云布教於邦國都鄙者於此正月之時調和教典訖即布於邦國諸侯及畿內二鄙公卿大夫等云乃縣教象之法於象魏者言乃者緩辭是建寅之月乃縣教象之法於象魏闕上云使萬民觀教象者謂使萬民來就雉門象魏之處觀教象文書使知一年教法云挾日而斂之者縣之從甲至甲爲挾日而後斂藏之於明堂月月乃更受而行之謂之聽朔者也云乃施教法于邦國都鄙者案大宰六典八法八則之等正月前陳之正月之下不復言施之者以其並是當職之事故不復言所施且直言施教法於邦國都鄙則亦含上數事可知云使之各以教其所治民者若據邦國使諸侯教所治民若據都鄙則使公卿大夫教所治民。注正月至縣焉。釋曰言正月朔日者周禮凡言正歲者則夏之建寅正月直言正月者則周之建子正月也吉者月朔也故云正月之吉周正月朔日也司徒以布王教者案大宰注云布王治之事於天下此不言天下注文略邦國都鄙則亦天下也云至正歲又書教法而縣焉者釋經乃縣是正歲縣之必知縣在正歲

者亦取義於小司徒云正歲則帥其屬而觀教法之象故知縣在正歲也

令五家爲比使之相保五比爲閭使之相受四閭爲族使之相葬五族爲黨使之相救五黨爲州使之相賙五州爲鄉使之相賓

此所以勸民者也使之者皆謂立其長而教令使之保猶任也救救凶災也賓賓客其賢者故書受爲授杜子春云當爲受謂民移徙所到則受之所去則出之又云賙當爲糾謂糾其惡玄謂受者宅舍有故相受寄託也賙者謂禮物不備相給足也閭二十五家族百家黨五百家州二千五百家鄉萬二千五百家。比毗志反下同賙音周足劉子喻反

〔疏〕令五至相賓。釋曰此經說大司徒設比閭至於州鄉等第家數各立其官長教勸於民大司徒主六鄉故令六鄉之內使五家爲一比則有下士爲比長主之使五家相保不爲罪過五比爲閭者二十五家爲一閭立中士爲閭胥使之相受者閭胥使二十五家有宅舍破損者受寄託四閭爲族使之相葬者百家立一上士爲族師使百家之內有葬者使之相助𧶐故云使之相葬五族爲黨使之相救者五百家立一

下大夫爲黨正民有凶禍者使民相救助故云使之相救五黨爲州使之相賙者二千五百家爲州立一中大夫爲州長民有禮物不備使賙給之五州爲鄉使之相賓者萬二千五百家爲鄉鄉立一六命卿爲鄉大夫鄉內之民有賢行者則行鄉飲酒之禮賓客之舉貢也故云使之相賓○注此所至百家○釋曰云此所以勸民者也者此經相保相受相救相賙相賓等皆是民間之事故云所以勸民也云使之者皆謂立其長長而教令使之者民不獨治必須君長故云皆謂立其長而教令使之立長謂若比長閭胥至鄉大夫等杜子春云當爲受謂民移徙所到則受之所去則出之者案比長職云五家相受相和親與此文同皆謂一閭之內無出入之法比長職又云徙於國及郊則從而授之注云徙謂不便其居也或國中之民出徙郊或郊民入徙國中彼是出鄉閭外與此閭內自相容受不同故後鄭易之以爲宅舍有故相受寄託解之子春又云賙當爲糾謂糾其惡後鄭不從者此一經相保相受之等皆是相勸爲善無相糾惡之事故後鄭存賙字謂禮物不備相給足解之云閭二十五家云云知之者案此經五家爲比五州爲鄉轉相增故其家數可知

頒職事十有二于邦國都鄙使以登萬民一曰稼

穡二曰樹蓺三曰作材四曰阜蕃五曰飭材六曰通財七曰化材八曰斂材九曰生材十曰學藝十有一曰世事十有二曰服事鄭司農云稼穡謂三農生九穀也樹蓺謂園圃毓草木作材謂虞衡作山澤之材阜蕃謂藪牧養蕃鳥獸飭材謂百工飭化八材通財謂商賈阜通貨賄化材謂嬪婦化治絲枲斂材謂臣妾聚斂疏材生材謂閒民無常職轉移執事學藝謂學道藝世事謂以世事教能則民不失職服事謂爲公家服事者玄謂職謂生材養竹木者○飭音勑注同賈音古閒音閑

疏至服事○釋曰大司徒主天下人民之數故須下民之職事十有二條於天下邦國及畿內都鄙使以登成萬民此經不言鄉遂及公邑者舉外以包內司徒親主鄉遂公邑須之可知云一曰稼穡已下至八曰斂材已上即大宰九職中八者是也大宰既掌之此又重掌者以大宰尊官摠知其數此司徒是主民之官親自頒行義各有異也云一曰稼穡者種之曰稼斂之曰穡二曰樹蓺者樹謂植木謂若樹之榛栗蓺謂種黍稷謂若蓺麻如之何我蓺黍稷之類是也案大宰有九職此

八曰斂材已上與太宰同太宰有九此唯八者太宰言任萬民隨意所云故有九九曰閒民無常職轉移執事此司徒云頒職事不可頒之使民轉移執事故闕之唯有八也九曰生材已下加此四事者以其司徒主民此四事者是民之事業及學問故別增之也○注鄭司至木者○釋曰鄭司農云稼穡謂三農生九穀也者自此已下至聚斂疏材皆與太宰同但文有詳略其言異耳九穀須稼穡故變言稼穡耳樹藝與園圃毓草木者同草木須樹藝故亦變言樹藝耳云作材謂虞衡作山澤之材者此文有詳略耳云阜蕃謂藪牧養蕃鳥獸者但養蕃不言阜此言阜字者欲見非直蕃息又使阜盛云飭材謂百工飭化八材者此亦文有詳略耳云通財謂商賈阜通貨賄者貨賄即財也亦文有詳略耳云斂材謂臣妾聚斂疏材者此亦文有詳略耳此八者之義以具釋於太宰故此亦不復重言云生材謂閒民無常職轉移執事者司農之意此閒民在第九當太宰九曰閒民無常職故以閒民解生財也但周公制禮太宰任民無常職於此須職事不可須無常職使民行之故後鄭易之以爲養竹木解之云學藝謂學道藝者案保氏職云掌養國子以道乃教之六藝故以藝中兼有道也云世事謂以世事教能則民不失職者案管子書云工之子恒爲工士之子恒爲士商之子恒爲商農之子

恒爲農是以世事教民能則民不失職也云服事謂爲公家服事者謂若府史胥徒庶人在官者是公家服事者也玄謂生材養竹木者此後鄭破司農之義案太宰事典云以生萬民小宰事職云以養萬民則知生爲養山虞林衡別官則知此生材養竹木在於平地林衡所掌是也

以鄉三物教萬民而賓興之一曰六德知仁聖義忠和二曰六行孝友睦婣任恤三曰六藝禮樂射御書數物猶事也興猶舉也民三事教成鄉大夫舉其賢者能者以飲酒之禮賓客之既則獻其書於王矣知明於事仁愛人以及物聖通而先識義能斷時宜忠言以中心和不剛不柔善於父母爲孝善於兄弟爲友睦親於九族婣親於外親任信於友道恤振憂貧者禮五禮之義樂六樂之歌舞射五射之法御五御之節書六書之品數九數之計○知音智行下孟反婣音因

【疏】以鄉至書數○釋曰物事也司徒主六鄉故以鄉中三事教鄉內之萬民也興舉也三物教成行鄉飲酒之禮尊之以爲賓客而舉之三物者則下一曰二曰三曰是也○注民三至之計○釋曰云民三事教成鄉大夫舉其賢者能者以飲酒之禮賓客

之既則獻其書於王矣者此並鄉大夫職文云知明於事者謂於前事不惑若四十而不惑也云仁愛人以及物者仁者內善於心外及於物謂若行葦詩美成王云敦彼行葦牛羊勿踐履是愛人及於葦葦即物也云聖通而先識者案襄二十二年臧武仲如晉雨過御叔御叔在邑將飲酒曰焉用聖人何休云說左氏傳者曰春秋之志非聖人孰能脩之言夫子聖人乃能脩之御叔謂臧武仲爲聖人是非獨孔子玄箴之曰武仲者述聖人之道魯人稱之曰聖今使如晉過御叔御叔不說學見武仲而雨行傲之云焉用聖人爲左氏傳載之者非御叔不說學不謂武仲聖與孔子同若然此云聖亦與武仲同是指述聖人之道云義能斷時宜者義宜也謂斷割合當時之宜也云忠言以中心者此以字解之如心曰恕如下從心中心曰忠中下從心謂言出於心皆有忠實也云和不剛不柔者謂寬猛相濟者也云善於父母爲孝善於兄弟爲友者案爾雅云張仲孝友善父母爲孝善兄弟爲友彼不言於此鄭云善於父母善於兄弟言於者凡言孝友非直卌有。先奉昏定晨省而已謂若禮記祭義云孝者先意承志喻父母於道國人稱之曰幸哉有子若是如此美行乃所爲父母兄弟所善故鄭云善於父母爲孝善於兄弟爲友也云睦親於九族者堯典云九族既睦是睦親於九族也九族者上至高祖下至玄孫旁及緦麻之内也云姻親於外親知姻是親於外親者上云睦施於九族明此姻是親於外親也左傳云士踰月外姻至亦據外親之等外親者則妻族母族是也此姻對睦施於外親若不對睦亦施於内親故論語云因不失其親喪服傳云與因母同此皆施於内親也云任信於友道者謂朋友有道德則任信之故論語云信則人任焉是也云恤振憂貧者者恤訓爲憂振訓爲救故知恤振憂貧者也云禮五禮之義自此已下至九數皆取義於保氏案保氏職掌養國子以道教之六藝一曰五禮二曰六樂三曰五射四曰五御五曰六書六曰九數案彼注云五禮者玄謂吉凶賓軍嘉六樂者玄謂雲門大咸大韶大夏大濩大武五射者先鄭云白矢參連剡注襄尺井儀五御者先鄭云鳴和鸞逐水曲過君表舞交衢逐禽左六書者先鄭云象形會意轉注處事假借諧聲九數者先鄭云方田粟米差分少廣商功均輸方程贏不足旁要此九章之術是也彼注又云今有重差夕桀何股此經直陳六藝保氏各有其數故注保氏其釋之注此直取保氏經以釋之五禮言義者以其吉凶之等各有其義樂言歌舞者以其作樂時有升歌下舞射言法者以其有升降揖讓之法御言節者四馬六轡有進退之節書言品者形聲處事差品不同數言計者有多少筭計各逐義強生稱

以鄉八刑糾萬民一曰不孝之刑二曰不睦之刑三曰不婣之刑四曰不弟之刑五曰不任之刑六曰不恤之刑七曰造言之刑八曰亂民之刑

糾猶割察也不弟不敬師長造言訛言惑衆亂民亂名改作執左道以亂政也鄭司農云任謂朋友相任恤謂相憂○弟音悌注同〔疏〕以鄉至之刑○釋曰上設三物教萬民民有不從教者則設刑以刑之故言以鄉八刑糾萬民也云一曰不孝之刑者有不孝於父母者則刑之孝經不孝不在三千者深塞逆源此乃禮之通教二曰不睦之刑者不相親睦亦刑之三曰不婣之刑者不親兼戒凡品故不孝有刑也於外親亦刑之四曰不弟之刑者謂不敬師長亦刑之五曰不任之刑者謂不信任於朋友亦刑之六曰不恤之刑者謂見災危而不憂恤亦刑之七曰造言之刑者有造浮僞之言者亦刑之八曰亂民之刑者謂執左道亂政則刑之○注糾猶至相憂○釋曰云糾猶割察也者謂察取鄉中八種之過斷割其罪云不弟不敬師長者此不弟即上六行友是也上文在睦婣之上此變言弟退

在睦婣之下者上言友專施於兄弟此變言弟兼施於師長故退在睦婣之下云造言訛言惑衆者案王制行僞而堅言僞而辨與此造言一也是訛言惑衆也云亂民亂名改作執左道以亂政也者亂名已下皆王制文案彼注亂名改作謂變易官與物之名更造法度左道若巫蠱及俗禁並是亂政之民也上三物有六德六行六藝六德六藝不設刑獨於六行設刑者鄭注師氏云在身爲德施之爲行德爲在身不施於物六藝亦是在身之能不施於人故二者不設刑其行並是施之於人故禁其恐有愆負故設刑以防之也造言亂民民中特害故六行之外別加此二刑

以五禮防萬民之僞而教之中 禮所以節止民之侈僞使其行得中鄭司農云五禮謂吉凶賓軍嘉〔疏〕以五至之中○釋曰以五禮防萬民之僞而教之中者案禮記樂記云禮者著誠去僞故以禮防萬民之僞而教之使得中正也○注禮所至軍嘉○釋曰禮者辨尊卑別貴賤皆有上下之宜不得奢侈僭僞故云禮所以節止民之侈僞也使其行得中者上不逼下下不僭上得其中正是也鄭司農云五禮謂吉凶賓軍嘉者春官大宗伯文也

以六樂防萬民之情而教之和 樂所以蕩正民之情思使

其心應和也鄭司農云六樂謂雲門咸池大韶大夏大濩大武○思悉吏反應應對之應招上朝反本亦作韶濩音護本亦作護【疏】以六至之和○釋曰案樂記云大樂與天地同和孝經云移風易俗莫善於樂故大司徒云六樂防萬民之情而教之使應和也○注樂所至大武○釋曰案樂記云在閨門之內父子兄弟同聽之莫不和親故云樂所以蕩正民之情思使其心應和也鄭司農云六樂雲門已下皆大司樂文至彼具釋案前云六藝禮樂射御書數不覆申射御書數而獨申禮樂二事但化民以禮樂爲急故樂記云心中斯須不和不樂而鄙詐之心入之矣外貌斯須不莊不敬而易慢之心入之矣故樂也者動於內者也禮也者動於外者也是致禮樂以治內外之急也又孝經云安上治民莫善於禮移風易俗莫善於樂是禮樂爲化民之急也故特言禮樂耳

凡萬民之不服教而有獄訟者與有地治者聽而斷之其附于刑者歸于士

不服教不厭服於十二教貪冒者也爭罪曰獄爭財曰訟有地治者謂鄉州及治都鄙者也附麗也士司寇士師之屬鄭司農云與有地治者聽而斷之與其地部界所屬吏共聽斷之士謂主斷刑之官春秋傳

曰士榮爲大士或謂歸于圜土圜土謂獄也獄城圜○治直吏反注及下正治并注同斷丁亂反注同厭於涉反或於驗反

【疏】凡萬至于士○釋曰上以禮樂化民而萬民不服十二教則鬭爭起有獄訟者將斷割之時恐其獄訟不審故與其有地治者謂治民之官共聽而斷之若有小罪則司徒泆之其附於五刑則歸於士使秋官士師之等斷之○注不服至城圜○釋曰云不服教不服服於十二教貪冒者也者上以十二教教民使不貪冒其民有不服服於十二教即是貪冒之人也服有二種有嬪服有服飫之服謂若祭禮有陰服之類是也此言不服服十二教者謂不服飫服行十二教也又云爭罪曰獄爭財曰訟者案秋官大司寇云以兩造禁民訟以兩劑禁民獄獄訟相對故獄爲爭罪訟爲爭財若獄訟不相對則爭財亦爲獄其義具在秋官釋之云有地治者謂鄉州及治都鄙者也者司徒主六鄉明知有鄉州也案上經布教於都鄙明地治之內兼有都鄙可知云附也者案秋官云麗於法案尚書呂刑越茲麗刑故以附爲麗云士司寇士師之屬者案秋官有士師鄉士遂士縣士並主獄訟之事故云士師之屬也司農云春秋傳曰者僖公二十八年衛侯出奔及其反國誤射殺弟叔武元咺訴於晉衛侯與元咺訟晉使士榮爲大士而聽斷之引此者欲見有獄必

有訟有訟者不必有獄故彼是爭罪之事而言衞侯與元咺訟云或謂歸於圜土圜土謂獄也者司農之意此經士或爲土字因即解土爲圜土圜土即獄也云獄城圜者更解圜土之意圜土之義具在秋官司圜職也

祀五帝奉牛牲羞其肆牛能任載地類也奉猶進也鄭司農云羞進也肆陳骨體也玄謂進所肆解骨體士喪禮曰肆解去蹄○肆託歷反注肆解肆去同司農音四注肆陳同〔疏〕釋曰云祀五至其肆○云祀五帝者謂五時迎氣於四郊及摠享五帝於明堂即大司徒奉牛牲又云羞其肆者羞進也肆解也謂於俎上進所解牲體於神坐前○注牛能至去蹄○釋曰鄭解司徒奉牛之意故云牛能任載地類也故屬地官司徒鄭司農云羞進也肆陳骨體也者骨體肩臂脊脅之屬司農以肆爲四音讀之故云肆陳也謂陳牲體於俎上即體解折節爲二十一體是也故云陳骨體也玄謂進所肆解骨體者後鄭之意以肆爲擿音讀之肆解骨體者爲七體解之故引士喪禮曰肆解去蹄案士喪禮曰特豚四鬄去蹄彼注云四解之殊肩髀彼言殊肩髀與此骨體一也但彼云四鬄此云肆解其字不同者鄭直以義讀之非彼正文此云殺當彼鬄也後鄭必不從先鄭爲肆陳骨體爲二十一體者案禮運云腥其俎孰其殽彼注云腥

其俎謂豚解而腥之也孰其殺謂體解而爓之祭祀之法先豚解後體解經云奉牛牲謂初牽入時即言羞其肆明先豚解又案國語禘郊之事則有全烝明知不得先有體解若然則禘郊之事先全烝始後豚解也若宗廟之祭則無全烝先豚解次體解禮運所云者是也

享先王亦如之〔疏〕享先至如之○釋曰享先王不辨祭之大小彼大宗伯四時及禘祫六者皆稱享云亦如之者亦如上祀五帝奉牛牲羞其肆又不言祭地者祭地之禮與天同

大賓客令野脩道委積令令遺人使爲之也少曰委多曰積皆所以給賓客〔疏〕大賓至委積○釋曰案大行人諸侯朝稱賓卿大夫來聘稱客彼對文例散文賓客通此云大賓客者雖據諸侯來朝大司徒令遺人於野路之上脩治道塗及委積芻薪米禾之等以待賓客○注令令至賓客○釋曰令令遺人使爲之也少曰委多曰積者案遺人云十里有廬廬有飲食三十里有宿宿有路室路室有委五十里有候館候館有積故知義然也

大喪帥六鄉之衆庶屬其六引而治其政令衆庶所致役也鄭司農云六引謂引喪車索也六鄉主六引六遂主六紼○引如字又音胥紼音弗〔疏〕

大喪至政令○釋曰大喪謂王喪至七月而葬大司徒帥六
鄉之衆庶取一千人屬其六引挽柩鄉廣而治其政令者大
司徒則檢校挽柩之事○注衆庶至六紼○釋曰云衆庶所
致役也者但六鄉七萬五千家進取一千人致之使爲挽柩
之役故云所致役也司農云六鄉主六引則此經是也云六
遂主六紼者案遂人職云大喪帥六遂之役而致之掌其政
令及葬帥而屬六綍在棺曰紼見繩
體行道曰引見用力主文以見義也 **大軍旅大田役以**
旗致萬民而治其徒庶之政令 旗畫熊虎者也
徵衆刻日樹旗
期於〔疏〕大軍至政令○釋曰凡征伐田獵所用民徒先起
其下六鄉之衆故云大軍旅大田役以旗致萬民司徒
主六鄉田即治其徒庶之政令○注旗畫至其下○釋曰案
司常云熊虎爲旗故鄭云旗畫熊虎者也云徵衆刻日樹旗
期於其下者凡起徒役不令而誅謂之虐故徵衆庶預刻
集日至日樹旗期民於其下衆皆至弊旗誅後至者也 **若**
國有大故則致萬民於王門令無節者不行
於天下 大故謂王崩及寇兵也節〔疏〕若國至天下○釋
六節有節乃得行防姦私　曰若國有大故者

大故是非常之事故言若也則致萬民於王門者以待任用故也云令無節者不行於天下者大故之時恐有姦寇節者用爲行道之信故無節者不行於天下所以防姦私也○注大故至姦私○釋曰言大故知是王崩及寇兵者下經別云大荒大札故知大故中有王崩寇兵二事也云節六節者爲掌節山國用虎節土國用人節澤國用龍節門關用符節貨財用璽節道路用旌節也

大荒大札則令邦國移民通財舍禁弛力薄征緩刑大荒大凶年也大札大疫病也移民辟災就賤其有守不可移者則輸之穀春秋定五年夏歸粟於蔡是也○札側八反[疏]大荒至緩刑○釋曰大荒謂大凶年大札謂大疫病則令邦國者謂令天下諸侯邦國也移民通財者此謂兩事移民謂分口往就賤財是米穀也其有留守不得去者則賤處通穀米與之舍禁者謂山澤之內舊遮禁不聽人入者今皆舍而不禁容民取蔬食也弛力者謂弛力役之事薄征者若據大荒則全無征稅今言薄征者容有小荒仍有征稅案司稼注云豐年從正儉有所殺若今十傷二三實除減半者也緩刑者謂有刑罰寬而放之○注大荒至是也○釋曰大荒大凶年也者謂若曲禮云歲凶年穀不登言大者穀梁云五穀

不熟謂之大侵與此一也大札大疫病也者謂若左氏傳云
天昏札瘥云其有守不可移者則輸之穀者釋經通財也又
引春秋定五年夏輸粟於蔡是也者案彼傳定四年楚瓦伐
蔡五年夏歸粟於蔡彼雖非荒札之事直取歸粟一道證經
通財之義**歲終則令教官正治而致事**歲終自周季冬
也教官其屬六
十正治明處其文書致事上其計
簿○上時掌反簿蒲戶反注同〔疏〕歲終至致事○釋曰
歲終則令教官者其
屬六十官也云正治而致事者謂正直治理其文書不得濫
失以爲公狀然後致其職事以待考○注歲終至計簿○釋
曰知歲終是周季冬者以其正月之吉始和是周之歲始明
此致事之時亦是周之歲終云致事上其計簿者漢時考吏
謂之計吏計吏據其使人
也此言計簿據其文書也**正歲令于教官曰各共爾
職脩乃事以聽王命其有不正則國有常刑**
正歲夏正
月朔日〔疏〕正歲至常刑○釋曰正歲令于教官者以其
歲始當除舊布新各共爾之職脩汝之事爾
乃指汝也以聽王命者聽待也其不正則國有常刑者謂文
書不正直而濫失則有常刑常刑者謂二千五百條各依輕

重而受刑法○注正歲至朔日○釋曰周禮上下凡言正歲者皆是夏之正月又知是朔日者以其正月之吉是朔日此雖不言之吉亦是朔日爲始可知也

附釋音周禮注疏卷第十

吳縣盧氏宣旬校定

大清嘉慶二十年南昌府學藏書板

知南昌府張敦仁署鄱陽縣候補知州周澍栞

周禮注疏卷十挍勘記　阮元撰盧宣旬摘錄

附釋音周禮注疏卷第十

大司徒

辨其山林川澤丘陵墳衍原隰之名物　唐石經諸本同釋文原本亦作邍案周禮原隰字多作邍此當本作古字因注作原而改

九州揚荆豫青兖雍幽冀并也　閩本揚作楊諸本與改冀

水崖曰墳　宋本崖作涯

下濕曰隰　嘉靖本閩本同監毛本濕改溼疏中準此

形狀名號　監本號作貌

案職方九州皆直川　案直當爲有字之誤

溝爲封樹 惠挍本溝下有上此脫

經直云壝壇即堳埒 案壇亦當作壝

君南面於北墉下 浦鏜云鄉誤面案面或向之譌

故云各以其土地所宜木 惠挍本土地作野之此非

則無后土及田土之神 閩本同誤也當從監毛本作田正

其植物宜早物 岳本同唐石經宋本嘉靖本閩監毛本早皆或作皁注同案皁俗早字據唐石經已作皁知今本作早者後人依釋文改從正字也○按皁者草之俗字說文草者草斗櫟實也自人用草爲艸木字乃別製皁爲草斗字岳本作早與釋文合周禮用假借字也

其動物宜鱗物 唐石經諸本同釋文鱗物劉本作麵音鱗○按盧文弨曰釋文云劉本作燐故集韻云鱗通作燐本釋文也今本釋文作麵乃譌字

其民晳而瘠釋文晳而音錫白色也唐石經亦作晳下從白今諸本作晳下從曰訛

其植物宜叢物諸本同釋文亦出叢物二字唐石經作藂物○按藂者叢之俗字不見於說文

核物李梅之屬宋本閩本監本同毛本核作覈爲依經所改非也嘉靖本作梅李之屬

虎豹貔𧳮之屬宋本余本岳本嘉靖本閩本同葉鈔釋文亦作𧳮監毛本作𧳮非疏中準此○按其字正作禼俗作𧳮誤作𧳮

理致且白如膏宋本致誤置○按致者今之緻字

此云貉狐不言貍者毛本同誤也當從閩監本作貉狐

臞脥瘠也閩監毛本脥誤脉下同

土祇原隰及平地諸本祇誤秖今改正

則民不偷閩監本同疏中改偷爲愉毛本經作愉注及疏又偷愉錯見案釋文不偷音偷又音揄唐石經宋本

余本岳本嘉靖本皆作愉注疏本或改作偷俗字也

愉謂朝不謀夕　宋本余本岳本嘉靖本同閩毛本愉作偷監本先作偷後改愉○按此亦當是經用古字注用今字之例經作愉从心注作偷从人爲是鄭箋山有樞云愉讀曰偷

謂鄉飲酒之禮　浦鏜云鄉下脱射

六曰以俗教民則民不偷者　閩監毛本作教安此誤

則民不偷愉苟且也　閩本作則民不愉當據以訂正監毛本上下皆作偷後並改爲愉

將焉用樹　閩監毛本焉作安

諺所謂老將智而耄及之者　毛本耄作髦

憂之則不懈怠者　案注作則民不解怠賈本注葢無民字

育生也　嘉靖本育作毓非惠挍本亦作毓云余本仍作育○按此段玉裁經用古字注用今字之例

星土星所主土也　諸本主誤生今據保章氏注訂正

又周語伶周鳩云　惠挍本作州鳩此誤

陶唐氏之火○正　案○誤衍

欲見財旣爲九賦斂財賄　閩本同監毛本斂誤故浦鏜云財賄誤財賦

云㴱猶度也　閩監毛本同誤衍也宋本余本岳本嘉靖本皆無云字

故書求爲救　九經古義云救當作捄古文求字說文引虞書云旁捄孱功蔡邕石經般庚云器非捄舊皆以捄爲求

杜子春云爲求　閩監毛本同宋本余本岳本嘉靖本云下有當字此脫

立表之處大東　閩監毛本同宋本嘉靖本無處字此誤衍

案土八職云　浦鏜云玉誤土

據中表之南而言　浦鏜云南下脫表

爲中表之西表而言　惠挍本爲作據此誤

月離於畢俾滂沲　閩監毛本沲作沱

云測猶度　惠挍本下有也此脫

是地於日爲近南云　浦鏜云下當脫一云

故後鄭增成先鄭之義取云　惠挍本取作而此誤

今潁川陽城地爲然　監毛本同嘉靖本潁作頴岳本閩本誤頴

風雨寒暑時是也　惠挍本風雨下有節此脫

南北二億三萬二千五百里　宋本作一千閩監毛本作三千誤盧文弨曰御覽卷三十一亦作一千五百里

天圜南北二億　浦鏜云圜誤圖

初爲基止　閩毛本止作址監本誤扯

土地附庸　宋本余本閩監毛本同岳本嘉靖本地作田

諸男食者四之一　惠棪本諸男上增諸子二字云余本無案賈疏本亦無諸子二字故云直舉男地而言惠以意增非

其食者參之一　者亦與侯同　閩本同監毛本參改三毛本侯改諸

卽足其國俗喪紀及畜積之用　惠棪本國下有禮此脫

不易之地家百晦　唐石經諸本同釋文作百畝云本亦作古晦字

上言王已及諸侯邦國　補閩監毛本王巳作王畿此誤

進受命於周退見文武之尸者　宋本無命尸爲尸之誤

先鄭伯有善於鄒公者　補閩本鄒作鄖是也監毛本作鄖亦誤

遷易東周畿內　惠挍本易作居此誤

宅南郊　案郊當作交

七曰眚禮　唐石經諸本同監毛本眚誤眚閩本誤青注及疏準此

救飢之政　嘉靖本飢作饑此非○按依說文則饑年字當从幾飢餓字作飢

飢饉則盜賊多　宋本嘉靖本飢作饑當據以訂正

即此一荒也　浦鏜云一荒當誤倒非

若令休兵鼓之爲　惠挍本令作今此誤

案大司樂大札大荒大凶荒凶則亂　惠挍本作凶荒別者此作則亂誤也

案大司樂無大荒

司農凶荒別文者　案農當爲樂字之誤

若今癃不可事不筭卒　宋本嘉靖本閩本同監毛本筭改算疏同葉鈔釋文癃作瘽

若今廢疾者也　漢制考作癈疾○按漢制考是也經典癈字多爲淺人改作廢

三曰聯兄弟　唐石經諸本同釋文聯兄弟一本作聚兄弟案注云聯猶合也兄弟昬姻嫁娶也鄭訓聯於兄弟上則作聚者非

各有攸宇　宋本宇作芧蓋依今本毛詩改非

連猶合也　宋本余本閩監本同嘉靖本毛本連作聯依經改注非也疏中同○按亦段玉裁經用古字注用今字之證

兄弟皆有外　浦鏜云在他誤有外○按此惟在誤有邦耳

是以知兄弟是婚姻也　閩監毛本作昏姻

鄉閭子弟皆相連合　毛本連改聯

案尚書泰誓武王云　此本武字係剜擠

司徒以布五教　閩監毛本同誤也宋本嘉靖本作王教此本疏中引注亦作王教當據以訂正

二曰樹蓺　宋本余本嘉靖本閩本同唐石經監毛本蓺作藝注及疏準此◎按唐人之例樹蓺如此作道藝六藝如此作

謂園圃毓草木　閩監毛本同宋本作謂園囿育草木嘉靖本毓作育惠挍本亦作囿育云互注本余本作圃毓◎按毓育亦經用古字注用今字之證也

藝謂種黍稷　案此藝字亦當作蓺

九曰閒民無常職轉移執事　毛本誤職事據監本訂正自八曰斂財起至下節疏舉其賢者能者以飲酒之禮賓客止此本及閩本缺一頁今據監毛本補按

云阜蕃謂藪牧養蕃鳥獸者　監本藪誤數據毛本正

恤振憂貧者　宋本振下有於蓋因上誤衍惠挍本亦有於字云互注本余本無

此並鄉大夫職又　浦鏜云文誤又

非直甘肴先奉　閩監毛本肴作殽

喩父母於道　惠挍本同閩監毛本喩作諭

方程嬴不足　閩監毛本同惠挍本嬴作羸

故注保氏其釋之　浦鏜云其當具字誤

亂民亂名改作　諸本同惠挍本名一作民云互注本余本作名

禮所以節止民之侈僞　宋本余本嘉靖本毛本同閩監本止作正誤

故云禮所以節止民之侈僞也　惠挍本毛本同閩監本止誤正

皆大司樂文　毛本誤大司徒

不厭服於十二教　此本疏中引注厭作猒又賈疏有嫌猒猒飫陰猒字皆作古猒字是賈氏所據鄭注作猒也○按依説文猒飫如此作厭服如此作鄭云厭服則其字當从厂其音當於輒切釋文不作音疏也

此經士或爲土字　監毛本士誤土閩本土亦誤士九經古義云世本作篇曰相士作乘馬卽相土也呂覽任地云后稷曰子能使吾士靖而甽浴士乎高誘曰士當爲土周物敦亦以士爲土

進所解牲體於神坐前　閩本同監毛本坐改座俗字

此云殽當彼鴉也　惠挍本殽作肆此誤閩監毛本作解亦非盧文弨曰通考作肆

卽言羞其肆　惠挍本言作云

挽樞鄉廣　閩監本同誤也當從毛本作鄉㩧

進取一千八致之　惠挍本進作雅此誤

主文以見義也　浦鏜云互誤主

防姦私　宋本嘉靖本姦作奸○按奸者姦之俗字

云節六節者爲掌節　惠挍本爲作案此誤

舍禁弛力　毛本舍誤含

歲終自周季冬也　浦鏜云是誤自盧文弨曰自疑目案自當爲者之誤

周禮注疏卷十挍勘記終

南昌袁泰開挍

附釋音周禮注疏卷第十一

鄭氏注　賈公彦疏

小司徒之職掌建邦之教灋以稽國中及四郊都鄙之夫家九比之數以辨其貴賤老幼廢疾凡征役之施舍與其祭祀飲食喪紀之禁令稽猶考也夫家猶言男女也鄭司農云九比謂九夫爲井玄謂九比者冢宰職出九賦者之人數也貴謂爲卿大夫賤謂占會販賣者廢疾謂癃病也施當爲弛○比毗志反注下皆同施式氏反【疏】小司徒至禁令○釋曰小司徒副貳大司徒之事大司徒已掌十二教故此小司徒又掌建邦之教法言建者非但副貳大司徒亦得專其事云以稽國中及四郊都鄙者大司徒掌邦國都鄙此小司徒亦掌之稽考也故亦考其國中及四郊但國中與四郊皆是六鄉之民所居也併言都鄙者司徒是主土地之官故亦兼主采地之法云之夫家九比之數者謂國中及四郊都鄙之

內夫家男女九賦校比人民之數云辨其貴賤老幼廢疾者辨猶別也謂別其貴賤老幼廢疾合科役者科役之云凡征役之施舍者征謂稅之役謂繇役施舍者貴與老幼廢疾不科役故言弛也云與其祭祀者謂鄉中州祭社黨祭禜族祭步飲食者謂若行鄉飲酒及族食喪紀者謂若四閭爲族使之相葬之等禁令者祭祀已下皆有禁令不使失禮法○注稽猶至爲弛○釋曰夫家猶言男女者夫是丈夫則男也春秋傳曰云男有室女有家婦人稱家故以家爲女鄭司農云九比謂九夫爲井後鄭不從者以經掌國中及四郊即是六鄉之內但鄉與公邑並爲溝洫無井田之法故後鄭不從玄謂九比者冢宰職出九賦者之人數也者案大宰云九賦斂財賄一曰邦中之賦二曰四郊之賦三曰邦甸之賦四曰家稍之賦五曰邦縣之賦六曰邦都之賦與此文國中四郊都鄙其事相當故知此九比出九賦者之人數云貴謂爲卿大夫賤謂占會販賣者鄭解諸文貴賤相對皆以爲貴謂卿大夫賤謂士獨此賤爲占會販賣者以其此經論九賦之事案大宰九賦有幣餘之賦幣餘謂占賣國之斥幣此經貴與老幼廢疾皆弛舍無賦雖此賦當彼幣餘之賦故爲販賣者解之云施當爲弛者周禮上下但言爲弛舍者皆經爲施字鄭皆破從弛○

乃須比灋于六

鄉之大夫使各登其鄉之衆寡六畜車輦辨其物以歲時入其數以施政教行徵令登成也成猶定也衆寡民之多少物家中之財歲時入其數若今四時言事〇疏乃頒至徵令〇釋曰言乃頒比法于六鄉之大夫者比法謂若下經五人爲伍五伍爲兩是也六鄉大夫皆六命卿爲之小司徒爲校比之法頒與六鄉大夫又云使各登其鄉之衆寡六畜車輦者衆寡據人民六畜者馬牛羊豕犬鷄車謂革車及大車輦人挽行又辨其物者謂辨其家中財物多少以歲之四時具録其數人小司徒以施政教者小司徒所施政教依其數而施行之云以行徵令者以徵索於民及所施政令亦據民物等數而行之故云行徵令也〇注登成也至言事〇釋曰云登成也成猶定也者人畜衆寡其數不恒家家條録數而比之則得成故登爲成也定也云衆寡民之多少者謂六口已上爲多五口已下爲少云物家中之財者經既言六畜車輦下別云辨其物明物是家中之財云歲時入其數若今四時言事者漢承周後皆四時入其數今時曰役簿皆在於冬代異時殊故有革別也

及三年則大比

大比則受邦國之比要大比謂使天下更簡閱民數及其財物也受邦國之比要則亦受鄉遂矣鄭司農云五家爲比故以比爲名今時八月案比是也要謂其簿○疏及三至比要○釋曰三年一閏天道有成及至也每至三年則大案比戶口大比之時則天下邦國送要文書來入小司徒故大比則受邦國之比要也○注大比至其簿○釋曰云大比謂使天下更簡閱民數及其財物也者上經須比法每歲之四時簡閱衆寡及其物等此經三年大比并天下邦國而言故鄭云大比謂使天下更簡閱民數及其財物鄭不言六畜車輦者文略亦簡閱可知云受邦國之比要則亦受鄉遂矣者此經但受邦國比要上經直言須比法於六鄉以歲時入其數不言三年大比故知此文含鄉遂也故云亦受鄉遂矣鄭司農云五家爲比故以比爲名者凡言比者是挍比之言但五家爲比者案比之法從少至多以五家爲始故以比爲名云今時八月案比是也者漢時八月案比而造籍書周以三年大比未知定用何月故司農以漢法八月況之云要謂其簿者謂若今之造籍戶口地宅具陳於簿也○乃會萬民之卒伍而用之五人爲伍五伍爲兩四兩爲

卒五卒爲旅五旅爲師五師爲軍以起軍旅以作田役以比追胥以令貢賦用謂使民事之伍兩卒旅師軍皆衆之名兩二十五人卒百人旅五百人師二千五百人軍萬二千五百人此皆先王所因農事而定軍令者也欲其恩足相恤義足相救服容相別音聲相識作爲也役功力之事追逐寇也春秋莊十八年夏公追戎于濟西胥伺捕盜賊也貢嬪婦百工之物賦九賦也鄉之田制與遂同○卒子忽反注及下皆同別彼列反【疏】乃會至貢賦釋曰小司徒佐大司徒以掌六鄉六軍之士出自六鄉故預配卒伍百人爲卒五人爲伍也而用之者即軍旅田役是也五人爲伍者下文云凡起徒役無過家一人六鄉之內有比閭族黨州鄉一鄉出一軍六鄉還出六軍今言五人爲伍者五家爲比家出一人則是一比也在家爲比在軍爲伍伍者聚也五伍爲兩者在鄉五比爲閭閭二十五家也在軍伍伍爲兩兩二十五人也四兩爲卒者在鄉四閭爲族族百家也在軍四兩爲卒卒百人也五卒爲旅者在鄉五族爲黨黨五百家在軍五卒爲旅旅五百人也五旅爲師者在鄉五黨爲州州二千五百家在軍亦五旅爲師師亦二千五百人也五師爲軍者在

鄉五州爲鄉鄉萬二千五百家在軍五師爲軍軍亦萬二千五百人也以起軍旅者謂征伐也以作田役者謂田獵役作皆是也以比追胥者追謂逐寇胥謂伺捕盜賊以令貢賦者依鄉中家數而施政令以貢賦之事○注用至遂同○釋曰用謂使民事之者謂使人爲事即軍旅田役是也云兩二十五人已下案經五人爲伍轉相增數從五人爲伍至五師爲軍數可知也云此皆先王所因農事而定軍令者也者案管子書云因內政寄軍令謂在鄉五家爲比以營農事比長領之及其出軍家出一人五人爲伍則爲伍長領之在家閭胥領一閭在軍則爲兩司馬領之在家爲族師在軍爲卒長在家爲黨正在軍爲旅師在家爲州長在軍爲師帥在鄉爲大夫在軍爲軍將自伍長已上全與此文不同者鄭君以義言之非彼正文也云欲其恩足相恤至音聲相識言此者解因內政寄軍令之意不使異人閒雜於中也云役功力之事者鄭意欲解經文役與田不同也云追逐寇也又引春秋莊公十八年夏公追戎于濟西者案彼傳戎侵魯公追之出境服氏云桓公爲好莊公獨不能脩而見侵濟西曹地穀梁云其不言戎之伐我何也以公之追之不使戎邇於我也于濟西者大之也引之者證追是逐寇也云胥伺捕盜賊也者以追既爲逐寇胥爲伺捕盜賊可知云貢嬪婦百工之物者案

大宰九賦之貢有九此貢獨云嬪婦百工二者此六鄉之貢不論地事則所令之貢亦不及地貢也故以此二事當之云賦九賦也者案大宰九賦一曰邦中二曰四郊二者之賦在六鄉之內此經既論六鄉之賦不得有三曰邦甸已下若然此唯有二賦而云九賦者二賦是九賦中物故總云九賦也云鄉之田制與遂同者此經之內不見田制案遂人職云夫間有遂遂上有徑十夫有溝溝上有畛百夫有洫洫上有涂千夫有澮澮上有道萬夫有川川上有路是其遂制也故云鄉之田制與遂同案鄭注遂之軍法如六鄉者以其遂內不見出軍之法唯有田制而已故知遂之軍法如六鄉若然彼此各舉一邊互見爲義

乃均土地以稽其人民而周知其數上地家七人可任也者家三人中地家六人可任也者二家五人下地家五人可任也者家二人　均平也周猶徧也一家男女七人以上則授之以上地所養者衆也男女五人以下則授之以下地所養者寡也正以七人六人五人爲率者有夫有婦然後爲家自二人以至於十爲九等七六五者爲其中可

任謂丁強任力役之事者出老者一人其餘男女乃均強弱相半其大數○徧音遍七人以上時掌反【疏】至二人○釋曰言乃均土地者以其佐大司徒掌其土地人民之數故制上地下地等使得均平故云均土地也云以稽其人民者既給土地則據土地計考其人民可任不可任之事云而周知其數者而周遍知其人數云上地家七人者凡給地有九等此據中地三等而中地之上所養者七人云可任也者家三人者七人之中一人爲家長餘六人在強弱半強而可任使者家三人云中地家六人者此謂中地之中所養者家六人云可任也者二家五人者六人之內一人爲家長餘五人在強弱半不可得言可任者二人半故取兩家併言可任者二家五人云下地家五人者謂中地之下所養者五人云可任也者家二人者五人之內一人爲家長餘四人在強弱半故云可任者家二人○注均平至大數○釋曰云正以七人六人五人爲率者有夫有婦然後爲家自二人以至於十爲九等七六五者爲其中者案王制百畝之分上農夫食九人其次食八人其次食七人其次食六人其次食五人彼言五等此云七六五三等其人不同故鄭爲九等計之此經皆云家故鄭云有夫有婦乃成家從此二人爲一等至十人則爲九等自二人三人四人是下地之三等也五人六人七

人是中地之三等八人九人十人是上地之三等此經唯言七人六人五人者據中地之三等則知有上地下地之三等故鄭云七六五者爲其中若然王制不云上上之地食十人又不云其次食四人其次食三人其次食二人直言自九以至五不言九等者彼欲取下士視上農夫食九人自府史胥徒四者食八人七人六人五人五等與此五等農夫相當故不言其餘四者又襄公二十五年楚蔿掩書土田度山林鳩藪澤辨京陵表淳鹵數疆潦規偃豬町原防牧隰皐井衍沃以授子木禮也此九等是楚之地善惡有九等與此不同鄭注尚書云賦之差上上出九夫稅上中出八夫稅爲九等者以九州出賦多少不同有九等故鄭君以井田美惡爲九等計之非是貢地之差也云出老者一人其餘男女强弱相半其大數者但一家之内二人至十人或男多女少或女多男少不可齊準今皆以强弱半者周公設法據其大數故鄭云其大數也

凡起徒役毋過家一人以其餘爲羡唯田與追胥竭作鄭司農云羡饒也田謂獵也追追寇賊也竭作盡行○毋音無羡錢面反〔疏〕凡起至竭作○釋曰云凡起徒役毋過家一人者謂起民徒役作之毋過家一人以其餘爲羡者一家兄弟雖多除一人

爲正卒正卒之外其餘皆爲羨卒二云惟田與追胥竭作者田
謂田獵追謂逐寇胥謂伺捕盜賊竭盡也作行也非直正卒
一人羨卒盡行以其田與追胥之人多故也此謂六鄉之內
上劑致甿一人爲正卒其餘皆爲羨卒若六遂之內以下劑
致甿一人爲正卒一人爲羨
卒其餘皆爲餘夫饒遠故也 **凡用衆庶則掌其政教**
與其戒禁聽其辭訟施其賞罰誅其犯命者
命所以誓告之 疏 凡用至命者○釋曰言凡用衆庶者則上經所
云是也其衆庶皆是六鄉之民小司徒主教六
鄉六鄉衆是已民故用衆庶之時則掌其政教與其戒禁又
聽斷其賞罰又誅責犯命者○注命所以誓告之○釋曰所
誓告者謂若大司馬羣吏聽誓於陳前司徒北面以誓之小
子斬牲左右以徇陳曰不用命者斬之是其誓告之事也○
凡國之大事致民大故致餘子 大事謂戎事也大
故謂災寇也鄭司
農云國有大事當徵召會聚百姓則小司徒召聚之餘
子謂羨也玄謂餘子卿大夫之子當守於王宮者也○疏
凡國至餘子○釋曰凡國之大事者謂有兵戎之大事出征
之時云致民者謂有兵戎大事於六鄉之內發起民徒云大

故致餘子者謂有災寇之事餘子卿大夫之子弟當大故之時則致餘子與大子使宿衛也○注大事至者也○釋曰知大事謂戎事者見左氏成公傳云國之大事在祀與戎此言致民明非祭祀是戎事可知故云大事謂戎事也云大故謂災寇也者經云致餘子明大故非王喪是水火之災及其兵寇司農云餘子謂羨也者以其羨卒唯田與追胥竭作乃使之此經大故不合使羨故鄭不從之玄謂餘子卿大夫之子當守於王宮者也知義然者以經云大故當宿衛王宮案書傳云餘子皆入學則餘子不得爲羨是宿衛之人故云餘子卿大夫之子當守於王宮者也是破司農之義

乃經土地而井牧其田野九夫爲井四井爲邑四邑爲丘四丘爲甸四甸爲縣四縣爲都以任地事而令貢賦凡稅斂之事 此謂造都鄙也采地制井田異於鄉遂重立國小司徒爲經之立其五溝五塗之界其制似井之字因取名焉孟子曰夫仁政必自經界始經界不正井地不均貢祿不平是故暴君姦吏必慢其經界經界既正分田制祿可坐而定也鄭司農云井牧者春秋傳所謂井衍沃

牧隰皐者也玄謂隰皐之地九夫爲牧二牧而當一井今造都鄙授民田有不易有一易有再易通率二而當一是之謂井牧昔夏少康在虞思有田一成有衆一旅一旅之衆而田一成則井牧之法先古然矣九夫爲井者方一里九夫所治之田也此制小司徒經之匠人爲之溝洫相包乃成耳邑丘之屬相連比以出田稅溝洫爲除水害四井爲邑方二里四邑爲丘方四里四丘爲甸甸之言乘也讀如衷甸之甸甸方八里旁加一里則方十里爲一成積百井九百夫其中六十四井五百七十六夫出田稅三十六井三百二十四夫治洫四甸爲縣方二十里四縣爲都方四十里四都方八十里旁加十里乃得方百里爲一同也積萬井九萬夫其四千九十六井三萬六千八百六十四夫出田稅二千三百四井二萬七百三十六夫治洫三千六百井三萬二千四百夫治澮井田之法備於一同今止於都者采地食者皆四之一其制三等百里之國凡四都一都之田稅入於王五十里之國凡四縣一縣之田稅入於王二十五里之國凡四甸一甸之田稅入於王地事謂農牧衡虞也貢謂九穀山澤之材也賦謂出車徒給繇役也司馬法曰六尺爲步步百爲畮畮百爲夫夫三爲屋屋三爲井井十爲通通爲匹馬三十家士一人徒二人通十爲成成百井三百家革車一乘士十人徒二十人十

成爲終終千井三千家革車十乘士百人徒二百人十終爲同同方百里萬井三萬家革車百乘士千人徒二千人○甸繩證反出注注同夫仁音扶少康詩照反洫況逼反爲除于僞反乘繩證反下同澮古外反

【疏】乃經至之事○釋曰此小司徒佐大司徒掌其都鄙都鄙則三等采地是也匠人營溝洫於田掌其經界故云乃經土地經謂爲之里數在土地之中立其里數謂井方一里邑方二里之等是也云而井牧其田野者井方一里兼言牧地是次田二牧當上地一井授民田之時上地不易家百畝中地一易家二百畝下地再易家三百畝通率三家受六夫之地一家受二夫與牧地同故云井牧其田野此與下爲揔目云九夫爲井者井方一里九夫之田四井爲邑者邑方二里四邑爲丘者丘方四里四丘爲甸者甸方八里旁加一里則爲十里之成今不言十里成而言八里甸者成間有洫井間有溝旁加一里者使治溝洫不出稅舉其八里之甸據實出稅者而言四甸爲縣者縣方十六里四縣爲都都方三十二里以任地事者謂若大宰九職任萬民謂任役萬民使營地事云而令貢賦者貢則九職之貢賦謂軍賦出車徒之等云凡稅斂之事者采地之中皆爲井田之法一井之田一夫稅入於官故云稅斂之事○注此謂至千人○釋曰鄭知此謂造都鄙者鄉遂公邑

之中皆爲溝洫之法此經爲井田之法故知謂造都鄙也云采地制井田異於鄉遂者案遂人夫閒有遂之等是溝洫法鄉田之制與遂同此經與匠人爲井田法其制與鄉遂不同故云采地制井田異於鄉遂也此雖不言異於公邑公邑亦與遂同故注匠人云異於鄉遂及公邑是也云重立國小司徒爲經之立其五溝五塗之界者此鄭意匠人於都鄙之中營造溝洫此小司徒又經之立五溝五塗之界則經上甸縣都並據境界而言但此都鄙是畿內之國小司徒與匠人共掌之云其制似井之字因取名焉者此解經井字謂正方一里之內方三百步百步爲一截縱亦二截橫亦二截則爲九夫夫各百步其中爲井字故云似井字因取名焉名爲井田也云孟子曰已下至坐而定也者案孟子滕文公使大夫畢戰問孟子井田之法孟子對此辭孟子云經界者則此經九夫爲井已下四縣爲都以上故引以證之鄭司農云井牧者春秋傳所謂井衍沃牧隰皋者也司農引春秋者襄公二十五年楚蔿掩書土田之事井衍沃者衍沃謂上地下平曰衍饒沃之地九夫爲一井牧隰皋者下濕曰隰近皋澤之地司農之意經有井牧故引以當之玄謂隰皋之地九夫爲牧二牧而當一井今造都鄙授民田有不易者家百畝有一易家二百畝有再易者家三百畝遍率二而當一者是三家受六

夫之地是隰皐之地二牧始當一井故云二而當一云是之謂井牧者此就足司農之義云昔夏后少康在虞思有田一成有衆一旅者此是哀公元年左氏傳伍員云昔過澆滅夏后相后緡方娠逃出自竇歸於有仍生少康焉爲仍牧正澆使椒求之逃奔有虞爲之庖正虞思於是妻之以二姚而邑諸綸有田一成有衆一旅是其事也言有田一成有衆一旅則地以上中下爲率者以爲其成方十里九百夫之地一旅五百夫故知是通率之通率之法正應四百五十人言一旅舉成數也亦容不易者多云一旅之衆而田一成則井牧之法先古然矣者鄭言此者井牧之法自夏而有非秖於周云九夫爲井者方一里九夫所治之田也者一井之内地有九夫假令盡是上地不易家有百畝中一夫入於公四畔八夫家治百畝尚無九夫所治況其中或有一易再易所取數更少今鄭云方一里九夫所治之田鄭據地有九夫而言非謂有九家也云此制小司徒經之者即此文乃經土地是也云匠人爲之溝洫者案匠人云井間有溝成間有洫同間有澮是匠人爲之溝洫也云相包乃成耳者司徒立其界匠人爲其溝相包含乃成其事耳云邑丘之屬者之屬中含有甸及縣都云相連比以出田稅者從井邑至縣都從内向外界相連比井稅一夫故言以出田稅云溝洫爲除水害者尚書益

稷云濬畎澮距川是其從畎遂溝洫次第入澮入川故云爲除水害也云四井爲邑方二里四邑爲丘方四里四丘爲甸甸之言乘也者欲見甸中出長轂一乘云讀如衷甸之甸者案哀十七年衛侯爲虎幄於藉圃成求令名者而與之始食焉大子請使良夫良夫乘衷甸兩牡紫衣狐裘而至袒裘不釋劍而食大子數之三罪而殺之鄭依此而言也引之者證甸得爲乘之義云甸方八里旁加一里則方十里爲一成者欲就匠人解之匠人云成方十里此言四丘爲甸甸與成其實一也故鄭覆解成與甸相表裏之意云積百井九百夫者但一成之內方十里開方之得百井井有九夫故云九百夫云其中六十四井五百七十六夫出田稅者此就甸方八里而言八里之內開方之八八六十四故云六十四井井有九夫故五百七十六夫井稅一夫故云出田稅云三十六井三百二十四夫治洫者此據甸方八里之外四面加一里爲成而言成有百井中央八里除六十四井餘有三十六井井有九夫故三百二十四夫治洫不使稅鄭言此者見經四丘爲甸據實出稅而言故不言成也若然方里爲井井間有溝溝廣四尺深四尺方十里爲成成間有洫廣八尺深八尺治溝洫者皆不出稅獨言治洫者據外而言其實治溝亦不出稅總在六十四井之內以洫言之矣云四甸爲縣方二十里者

甸方八里縣應方十六里云方二十里據通治洫旁加一里
爲成而言云四縣爲都方四十里者縣方二十里四縣爲都
故方四十里云四都方八十里者自此已上並據通治洫而
言云旁加十里云乃得方百里爲一同也者案匠人方百里爲
同同間有澮今言乃得方百里爲一同者就匠人爲同解之
云積萬井九萬夫者據百里開方而言百里者縱横各百一
行方一里者百百行故萬井一井有九夫故有九萬夫云其
四千九十六井三萬六千八百六十四夫出田税者此據從
甸方八里出田税四甸爲縣縣方十六里四縣爲都都方三
十二里四都方六十四里據六十四里之内開方之縱横各
一里一截爲六十四截行别有六十四井六十四行計得四
千九十六井井有九夫四千九十六井計得三萬六千八百
六十四夫是實出田税者云二千三百四井二萬七百三十
六夫治洫者此據甸方八里旁加一里爲成是不出税治洫
之夫而言之也從四成積爲一縣縣方二十里四縣爲都都
方四十里四都方八十里開方之縱横各一里一截爲八十
截一行八十井八八六十四爲六千四百井就裏除四千九
十六井其餘二千三百四井在井有九夫二千三百四井爲二
萬七百三十六夫不出税使之治洫也云三千六百井三萬
二千四百夫治澮者此據四成爲縣縣方二十里二十里更

加五里即爲大夫家邑也縣方二十五里四縣是小都五十里是六卿之采地四都爲方百里一同即爲三公王子母弟之大都也但據百里開方之即爲萬井就萬井之內除去六千四百井其餘三千六百井在井有九夫則爲三萬二千四百夫不出稅使之治澮云井田之法備於一同者案匠人云井間有溝成間有洫同間有澮是井田之法備於一同也云今止於都者采地食者皆四之一者解此四縣爲都據小都五十里而言是止於都也以其采地食者皆四分之一稅入天子故云采地食者皆四之一也案上諸男之地亦四之一故云采地食者皆四之一云其制三等者謂家邑小都大都云百里之國凡四都一都之田稅入於王者百里國謂大都也四都謂方五十里者四小都成一大都一都之田稅入王其餘三都留自入云五十里之國凡四縣一縣之田稅入於王者五十里之國謂小都一縣田稅入於王餘三縣留自入云二十五里之國凡四甸一甸之田稅入於王者二十五里之國謂家邑也四甸之中以一甸之稅入於王其餘三甸留自入鄭具言此者欲見四丘爲甸甸是家邑據稅於王者而言四甸爲縣是小都亦據一縣稅入於王者而言四縣爲都是大都亦據一都稅入於王者故鄭云井田之法備於一同今止於都者采地之稅四之一故以此解之云地事謂農

收衡虞也者謂采地之中亦有九職農則三農生九穀牧則數牧以蕃鳥獸衡虞則虞衡作山澤之材九職雖言此三者以其經言地事故舉以言之其餘六者略而不言矣云貢謂九穀山澤之材也者此貢還出於農衡地事既無九職則貢中亦無九貢也云賦謂出車徒給繇役也者以其采地之內無口賦出錢入天子之法故以賦爲軍賦解之若然大宰九賦四曰家稍之賦五曰邦縣之賦六曰邦都之賦者謂三等采地之外皆有公邑公邑之內口率賦錢入於王家但公邑無名故爨三等之號以表之故禮雜問志云稍縣都鄙地有公邑之民口率出泉於王也邦國都無口率之賦唯有軍賦革車匹馬士徒而已是也故此鄭引司馬法證之司馬法者齊景公時大夫田穰苴作司馬法至六國時齊威王大夫等追論古法又作司馬法附於穰苴言晦百爲夫謂一夫之地方百步夫三爲屋屋具也具出穀稅屋三爲井者謂九夫爲井以井字云井十爲通者據一成之內一里一截從橫各十截爲行一行十井十行據一成一畔通頭故名井十爲一通通爲匹馬者十井井之內井有九夫十井爲九十夫之地宮塗巷三分去一雖有六十夫地在不易一易再易通率三夫受六夫之地三十夫受六十夫之地唯三十家使出馬一匹故云通爲匹馬云士一人徒二人之三十家出三人士謂甲士

徒謂步卒云通十爲成成百井三百家革車一乘士十人徒二十人者一成之内有十通三百家者亦如前通率法一成之内地有九百夫宫室塗巷三分去一不易一易再易通率二而當一故一成唯有三百家革車一乘士十人徒二十人此謂天子畿内采地法鄭注論語道千乘之國亦引司馬法彼是畿外邦國法彼革車一乘甲士三人步卒七十二人甲士少步卒多此士十人徒二十人比畿外甲士多步卒少外内有異故也云十成爲終者謂同方百里之内十里一截爲縱横各十截爲十行行别十成言十成爲終據同一畔終頭而言云終千井者十成成百井故千井三千家革車十乘士百人徒二百人云十終爲同同方百里者謂之爲同者取象雷震百里所聞同故名百里爲同故云十終爲同同方百里萬井也云三萬家革車百乘士千人徒二千人者所計皆如上一成爲法其餘可知凡出軍之法先六鄉賦不止次出六遂賦猶不止徵兵於公邑及三等采賦猶不止乃徵兵於諸侯大國三軍次國二軍小國一軍此軍等皆出於鄉遂賦猶不止則諸侯有遍境出之法則千乘之賦是也

乃分地域而辨其守施其職而平其政分地域謂建邦國造都鄙制鄉遂也辨其守謂衡虞之屬職謂九職也政

稅也政當作征故書域爲邦杜子春云當爲域○政依注音征【疏】乃分至其故○釋曰小司徒佐大司徒主土地言分地域者謂建邦國之等各有營域遠近疆界辨其守者謂邦國都鄙之內所有山川使衡虞守之故云辨其守也施其職者謂施民者之職平其政者天下所有征稅皆均平之○注分地至爲域○釋曰鄭知分地域謂建邦國造都鄙制鄉遂者案大司徒職掌天下土地之圖周知人民之數小司徒佐之明分地域者亦普及天下也是以知分地域之中有畿外邦國畿內都鄙及六鄉六遂鄭雖不言公邑地域之中亦含有四等公邑可知云辨其守謂衡虞之屬者以其山林川澤皆使其地之民守之故其官川衡林衡山虞澤虞之官主當云職謂九職者此經皆論地事故知職是九職任萬民者也云政稅也者以其經文承九職之下而云平其政者即是平九職之稅故云政稅也但經云政教之政故云政當作征以爲征字也云故書域爲邦杜子春云讀爲域者故書云分地邦非其義意故子春還從域

凡小祭祀奉牛牲羞其肆　小祭祀王玄冕所祭○肆託歷反【疏】凡小至其肆釋曰大司徒云祀五帝奉牛牲羞其肆今於小祭祀則小司徒奉牛牲羞其肆○注小祭至所祭○釋曰案司服職云羣小祀則玄冕

彼注云小祭祀林澤百物其於天神亦有小祀則風師雨師之等小祭祀既用牛則王之祭祀無不用牛者案酒正注以六冕差之絺冕所祭亦入小祀中今鄭不言之者以其社稷五祀於祭餟之事人次祀中故宗伯云血祭祀社稷五祀五嶽故於此奉牛牲不言絺冕矣

小賓客令野脩道委積小賓客諸侯之使臣○使所吏反【疏】小賓至委積○釋曰案大司徒職大賓客令野脩道委積謂五等諸侯來朝者此小賓客諸侯使卿大夫來聘故小司徒令野脩道委積大司徒注令令遺人此雖無注亦與彼同

大軍旅帥其衆庶帥師而致於大司徒【疏】注帥師至司徒○釋曰案大司徒職大軍旅以旗致萬民明此大軍旅帥其衆庶者小司徒於六鄉之內帥其衆庶致與大司徒可知

小軍旅巡役治其政令巡役小力役之事則巡行之○行下孟反【疏】小軍至政令○釋曰案大司徒大軍旅大田役而治其徒庶之政令故此小軍旅巡役小司徒治其政令○注巡役至行之○釋曰此經小軍旅謂使臣征伐對大軍旅天子親行此經巡役文承小軍旅下故知小功役之事則巡行之若大功役則大司徒巡行之

大喪帥邦役

治其政教喪役正棺引窆復土○窆彼驗反劉補鄧反復劉音福一音服疏大喪至政教○釋曰云大喪者謂王喪帥邦役者邦國也帥領國民謂六鄉衆庶役使之事因即治其政教○注喪役至復土○釋曰鄭解經大喪所役不據初死以其初死所役無多故據葬時而言言正棺者謂若七月而葬朝廟之時正棺於廟○引謂葬時引柩車自廟至壙窆謂下棺於坎天子六綍四碑皆碑挽引而下棺云復土者掘坎之時掘土向外下棺之後反復此土以爲上陵故云復土也凡建邦國立其社稷正其畿疆之封畿九畿○疏凡建至之封○釋曰言邦國者謂立畿外諸侯邦國立其社稷者諸侯亦有三社三稷謂國社侯社勝國之社皆有稷配之言立其社稷謂以文書法度與之不可國國身往也正其畿疆者謂九畿畿上皆有疆界封樹以爲阻固也○注畿九畿○釋曰案司馬除王畿以外仍有九畿謂侯甸男采衛要以內六服爲中國其外更言夷鎮蕃三服爲夷狄王畿四面皆有此九畿相去各五百里故云畿謂九畿凡民訟以地比正之鄭司農云以田畔所與比正斷其訟○斷丁亂反地訟以圖正之地訟爭疆界者

圖謂邦國本圖〔疏〕凡民至圖正之○釋曰民訟六鄉之民有爭訟之事是非難辨故以地之比鄰知其是非者共正斷其訟地訟以圖正之○注地訟至本圖○釋曰言地訟爭疆界者謂民於疆界之上橫相侵削者也圖謂邦國本圖者凡量地以制邑初封量之時即有地圖在於官府於後民有訟者則以本圖正之**歲終則攷其屬官之治成而誅賞**治成治事之計○治直吏反注治成反下文同〔疏〕歲終至誅賞○釋曰歲終者謂周之歲終建亥之月則考其屬官之治成者屬官謂教官六十成謂計簿正所治計會文書而誅賞者據其考狀有罪則誅責之有功則賞之○注治成治事之計○釋曰知治成是治事之計者案宰夫職歲計言會月計言要日計言成故知此成是治事之計也**令羣吏正要會而致事**〔疏〕釋曰云令羣吏正要會者羣吏謂當職六十官此亦是歲終之時正要會而致事者上經成據日小成之計此言要會謂是月計歲計摠爲簿書而致其事之功狀以待考也**正歲則帥其屬而觀教灋之象魏徇以木鐸曰不用灋者國有常刑令**

羣吏憲禁令脩灋糾職以待邦治憲表縣之

疏正歲至邦治○釋曰大司徒以正月之吉始和十二教之等正歲建寅之月懸之此小司徒佐大司徒於正歲懸教象之時率其六十官之屬於雉門之外而觀教法之象也徇以木鐸已下者謂觀教象之時恐衆人雜合不聽用其教而徇行振以木鐸使靜聽之告之曰不用法者國有常刑言此者使人懼而用之又令羣吏憲禁令者謂禁人使行不爲非憲謂表懸之也謂若小宰懸禁令文書使百官用云修法糾職者謂修其法制糾察職事以待邦治者以待國家有治則供之○注憲表縣之○釋曰此憲與布憲之字同彼是表縣刑禁以示人此憲亦是將以示人故云憲表縣之也

及大比六鄉四郊之吏平教治正政事攷夫屋及其衆寡六畜兵器以待政令四郊之吏吏在四郊之內主民事者夫三爲屋屋三爲井出地貢者三三相任

疏及大至政令○釋曰言及大比云六者亦是三年大校比戶口云六鄉四郊之吏者謂是六鄉之內比長閭胥已上布列在於四郊云平教治者以其三年大比之時大黜陟之禮故斷其教

治文書正政事者復須正直其政事公狀考夫屋者考練其三夫爲屋出地貢之時以相保任不得隱誤及其衆寡者謂人民多少六畜兵器者謂民之資生及征伐之器以待政令者以待國家政令所須則供之也○注四郊至相任○釋曰四郊之吏吏在四郊之内主民事者遠郊之外爲六遂内爲六鄉六鄉之民非直在城中亦在四郊故比長閭胥六鄉之吏等布在四郊之内主民事者也云夫三爲屋屋三爲井者鄉遂之内既不爲井田而爲溝洫之法今云夫三爲屋屋三爲井者以其溝洫雖爲貢出貢之時亦三三相保任以出穀稅故鄭云出地貢者三三相任也一井之内九夫三夫爲一屋是一屋三夫自相保任故云三三相任據一井而言也似一屋井田之法亦八家耡一夫稅入於公相保任以出穀者也

鄉師之職各掌其所治鄉之教而聽其治聽謂平察之○治直吏反下六鄉之治同 疏 鄉師至其治○釋曰云各掌其所治鄉之教者鄉師四人其鄉有六二人共主三鄉故言各掌其所治鄉之教也云而聽其治者自鄉大夫以下至伍長各自聽斷其民今鄉師又聽其治者恐鄉官有濫失審察之故鄭云聽謂平察之

以國比之灋以時稽其夫家

衆寡辨其老幼貴賤癈疾馬牛之物辨其可任者與其施舍者掌其戒令糾禁聽其獄訟施舍謂應復免不給繇役○復音福疏以國至獄訟○釋曰云以國比之灋者案小司徒職云九比之數以辨其貴賤老幼癈疾此鄉師以小司徒國比之灋云以時稽其夫家衆寡者謂四時稽考其夫家男女衆寡多少云辨其可任者謂上地家七人可任者家三人之等云與其施舍者鄭云謂應復免不給繇役即上云癈疾老幼者是也○大役則帥民徒而至治其政令既役則受州里之役要以攷司空之辟以逆其役事而至至作部曲也既已也役要所遺民徒之數辟功作章程逆猶鉤考也鄭司農云辟法也○辟婢亦反疏大役至役事○釋曰言大役者謂築作堤防城郭等大役使其民鄉師則於當鄉之內帥民徒而至至謂至作所也云治其政令者於所帥民徒之中政令也云既役則受州里之役要者所役之民出於州里今欲鉤考作所功程須得所遺民徒本數故云既役則受州里

之役要役要則役人簿要云以考司空之辟者倖謂功程司空主役作故將此役要以鉤考司空之功程云以逆其役事者逆則鉤考也鉤考役事者恐有濫失○注而至至作部曲也至法也○釋曰云而至至作部曲也者所營作之處皆有部曲分別故云部曲也云辟功作章程者功作之事日日錄其程限謂之章程鄭司農云辟法也考功作章程則是法於義得通故引之在下

凡邦事令作秩敘事功力之事秩常也敘猶次也事有常次則不偪匱○偪鄙力反匱其位反

疏凡邦至秩敘○釋曰邦國也凡國家有功作之事故云邦事也令作秩敘者秩常也功作之處皆出政令使多少有常事有次敘故云令作秩敘○注事功至偪匱○釋曰言事有常次則不偪匱者謂營作之事多少有常事有次敘則民不爲偪迫又不匱乏之故云不偪匱

大祭祀羞牛牲共茅蒩杜子春云蒩當爲菹以茅爲菹若葵菹也鄭大夫讀蒩爲藉謂祭前藉也易曰藉用白茅无咎玄謂蒩士虞禮所謂苴刌茅長五寸束之者是也祝設于几東席上命佐食取黍稷祭于苴三取膚祭祭如初此所以承祭既祭蓋束而去之守祧職云既祭藏其隋是與○蒩子都反一音子餘反苴或云杜側魚反鄭將呂反菹側魚反藉如字下皆

慈夜反苴子都反又將呂反刌音忖而去羌呂〔疏〕大祭至
反祧他彫反隋威吁恚反劉相恚反與音餘　茅蒩○
釋曰案大司徒職云奉牛牲此又云羞牛牲者鄉師佐大司
徒故此云羞牛牲也云共茅蒩者案甸師職共蕭茅彼直共
茅與此鄉師鄉師得茅束而切之長五寸立之祭前以藉祭
故云茅蒩也○注杜子至是與○釋曰杜子春云蒩當爲菹
以茅爲菹若葵菹者但茅草不堪食故後鄭不從鄭大夫讀
蒩爲藉謂祭前藉此後鄭從之又引易曰藉用白茅无咎者
大過初六爻辭引之者證蒩爲藉之義云謂蒩士虞禮所謂
苴刌茅長五寸束之者是也引之者欲見其蒩爲祭之藉此
增成鄭大夫之義又云祝設于几東至所以承祭解所以藉
祭之意云既祭蓋束而去之弁引守祧職者欲見此是祭神
之餘不可虛棄必當藏之所藏者即守祧職既祭藏其隋是
也言隋者謂祭黍稷三及膚祭如初皆隋減以祭之故名爲
隋以其無正文故
言蓋與以疑也　大軍旅會同正治其徒役與其
輂輦戮其犯命者　輂駕馬輦人輓行所以載任器也
止以爲蕃營司馬法曰夏后氏謂
輦曰余車殷曰胡奴車周曰輜輦輦一斧一斤一鑿一梩一
鋤周輦加二版二築又曰夏后氏二十人而輦殷十八人而

輦周十五人而輦故書輦作連鄭司農云連讀爲輦○輦九玉反人輓音晚梩里其反○

【疏】大軍至命者○釋曰云大軍旅者謂王行征伐云大會同者謂王於國外與諸侯行時會殷同也云正治其徒役者謂六軍之外別有民徒使役皆出於鄉故鄉師治其徒役云與其輂輦者輂駕馬所以載輜重輦所以載任器亦鄉師治之故云與其輂輦也云戮其犯命者謂徒役之中有犯教命者亦鄉師刑戮之○注輂駕至爲輦○釋曰知輂是駕馬者以其輦是人輓行故輂是駕馬可知知輂不駕牛者以其牛雖駕大車柏車等云所以載任器也者謂任使之器則司馬法所云者是也引司馬法曰夏后氏謂輦曰余車殷曰胡奴車者胡則北狄是也周曰輜輦以其載束輜重云一梩者或解以爲插也或解以爲鍬也鍬插亦不殊云周輦加二版二築者築者築杵也謂須築軍壘壁又曰夏后氏二十人而輦以下亦是司馬法文以上說所載任器以下說輓人多少前代寬質無版築輓人多後代挾劣加版版築輓人少引之者證周輦即此經輦一也又并見所載之器

大喪用役則帥其民而至遂治之治謂監督其事

【疏】注治謂監督其事○釋曰言大喪用役謂若喪時輓六引之等等鄉之大夫既主鄉民役用鄉民之時鄉

師遂治之云治謂監督者謂監當督察其事

及葬執纛以與匠師御匶而治役

匠師事官之屬其於司空若鄉師之於司徒也鄉師主役匠師主衆匠共主葬引雜記曰升正柩諸侯執綍五百人四綍皆銜枚司馬執鐸左八人右八人匠人執翿以御柩天子六引禮依此云鄭司農云翿羽葆幢也爾雅曰纛翳也以指摩輓柩之役正其行列進退○纛桃報反劉音毒匶音舊綍音弗翿劉音桃戚徒報反羽音雨幢直江反行戸剛反下行列同○〔疏〕及葬至治役○釋曰言及葬者及至葬引向壙執纛者纛謂葆幢也鄉師執葆幢却行在柩車之前以與匠師御柩謂在路恐有傾覆故與匠師御正其柩而治役者亦謂監督役人也○注匠師至進退○釋曰匠師事官之屬者以其事官是主工匠之職此官又名匠師故知匠師事官之屬官也云共於司空若鄉師之於司徒也者地官之考稱鄉師春官之考稱肆師秋官之考稱士師雖有天官之考稱宰夫夏官之考稱軍司馬自外皆稱師此經鄉師是司徒考明匠師亦是司空考故云共於司空若鄉師之於司徒案天官注冬官亡未聞其考此云匠師冬官考者彼據冬官亡故云未聞其考此據匠師與鄉師相對以義約之故云匠師冬官考也云鄉師主役匠師主衆匠共主

葬引者冬官亡雖無文以其主匠即知其葬也雜記曰升正柩者案彼注謂將葬朝於祖正棺於廟云諸侯執綍五百人鄭彼注云一黨之民云四綍皆銜枚者謂引之時銜枚所以止讙囂云執鐸左八人右八人者謂夾柩車匠師執翿羽葆幢此諸侯之禮引之者以天子無文引以況天子之法案彼鄭注天子千人與言執翿羽葆幢者彼文雖有執翿無羽葆幢之言今云羽葆幢者鄭因釋翿是羽葆幢又引爾雅曰纛翳也以指麾輓柩之役正其行列進退者天子六綍千人輓之執翿者柩車恐傾側執翿者指麾輓柩之役人役人治喪者使柩車令不傾側又千人輓柩以持六綍恐行列進退失所指以翿指麾之故云正其行列進退也雜記諸侯禮匠師執翿此天子禮鄉師執翿尊卑不同也

及窆執斧以涖匠師匠師主豐碑之事執斧以涖之使戒其事故書涖作立鄭司農云窆謂葬下棺也春秋傳曰日中而堋禮記所謂封者立讀爲涖涖謂臨視也○堋補鄧反封彼驗反○

（疏）及窆至匠師○釋曰及至也窆是下棺也至壙下棺之時鄉師執斧以涖匠師匠師主衆匠恐下棺不得所須有用斧之事故執斧以臨視之○注匠師至視也○釋曰云匠師主豐碑之事者案檀弓云公室視豐碑三家視桓楹鄭彼注天子斲大木爲之豐大也天子六

綍四碑前後各一碑各重鹿盧兩畔各一碑皆單鹿盧天子千人分置於六紼皆背碑負引擊鼓以爲縱舍之節匠師主當之故云匠師主豐碑之事也云執斧以涖之使戒其事者鄉師執斧以臨之者恐匠師不戒其事須有用斧之處故執斧助之使匠師戒其事又云故書涖作立者於義取後鄭讀還從涖司農云窆謂葬下棺也者三禮及諸文但言窆者皆是下棺故引春秋傳也案左氏昭十二年三月鄭簡公卒將葬司墓之室有當道者毀之則朝而堋弗毀則日中而堋子大叔請毀之子產遂不毀日中而葬又引禮記所謂封者案王制庶人縣封而葬喪大記亦云以鼓封皆爲封字堋封及此經窆字雖異皆是下棺之事云立讀爲涖涖謂臨視也者謂臨視匠師也

凡四時之田前期出田灋于州里簡其鼓鐸旗物兵器脩其卒伍田法人徒及所當有〔疏〕凡四時至卒伍○釋曰言四時之田者謂春蒐夏苗等凡田獵人徒等皆出於州里故未田獵之前須鼓鐸旗物之器故預簡閱云修其卒伍者謂百人爲卒五人爲伍皆須修治預爲配當○注田法人徒及所當有○釋曰云人徒者即經卒伍是也及所當有者則經鼓鐸旗物兵器是也**及期以司**

徒之大旗致衆庶而陳之以旗物辨鄉邑而治其政令刑禁巡其前後之屯而戮其犯命者斷其爭禽之訟

司徒致衆庶者以熊虎之旗此又以之明爲司徒致之大夫致衆當以鳥隼之旗陳之以旗物以表正其行列辨別異也故書巡作述屯或爲臀鄭大夫讀屯爲課殿杜子春讀爲在後曰殿謂前後屯兵也玄謂前後屯車徒異部也今書多爲屯從屯○斷丁亂反明爲于僞反下爲州長爲鄉大夫爲州黨同隼雖允反旗音餘別彼列反殿都遍反下同

【疏】及期至之訟○釋曰云及期謂至田獵之期日云以司徒之大旗致衆庶者鄉師爲司徒致衆庶故還用司徒之大旗言致衆庶者謂植旗期民於其下云而陳之以旗物者陳列衆庶之時亦植旗於行首云辨鄉邑者田獵之時非直有六鄉之衆亦有公邑之民分別之云而治其政令刑禁者鄉師治其民庶政令及刑禁等云巡其前後之屯者謂兵衆屯聚各有車徒各於前後而巡行之而戮其犯命者但民庶之等各有軍將教命犯命者則戮之又云斷其爭禽之訟者田獵得大獸公之小禽私之有爭禽之訟鄉師斷之○注司徒至從屯○釋曰云

司徒致衆庶者以熊虎之旗者司常職云熊虎爲旗此經云司徒大旗故知司徒自致衆庶以熊虎爲旗也云此又以之明爲司徒致之者此鄉師也經云以司徒大旗明用司徒大旗故知爲司徒致之也云大夫致衆當以鳥隼之旗者案司常陳九旗之次云日月爲常交龍爲旂通帛爲旜雜帛爲物熊虎爲旗鳥隼爲旟又云孤卿建旜大夫士建物大司徒既是鄉官尋常建旜在軍建熊虎卿既是大夫官尋常建物在旜下明在軍當以鳥隼之旟在熊虎下可知云鄭大夫讀屯爲課殿者未知鄭大夫所讀更出何文或謂當時俗有課殿之語故讀從之云杜子春讀爲在後曰殿者謂軍在前曰啓在後曰殿玄謂前後屯兵也者屯兵則是殿兵也玄謂前後屯車徒異部也者謂大司馬云險野人爲主易野車爲主是車徒異部也云今書多爲屯從屯者謂故書之内爲殿者少爲屯者多以多言之宜從屯

凡四時之徵令有常者以木鐸徇於市朝徵令有常者謂田狩及正月命脩封疆二月命雷且發聲○朝直遥反下同○**疏**凡四至市朝○釋曰云凡四時徵令有常者鄉師各於其鄉内以木鐸警戒巡於市朝使民知之○注徵令至發聲○釋曰徵令有常者謂田狩春蒐夏苗秋獮冬狩四時田獵獨言狩

者略舉冬言之云及正月命脩封疆者案月令孟春之月命脩封疆謂田之界分也云二月命雷且發聲者案月令仲春之月先雷三日奮木鐸以令兆民曰雷將發聲有不戒其容止者生子不備必有凶災言此等政令皆有常時故引之以證徵令有常者也

以歲時巡國及野而賙萬民之囏阨以王命施惠歲時者隨其事之時不必四時也囏阨餓乏也鄭司農云賙讀爲周急之周○囏古艱字本亦作艱

疏以歲至施惠○釋曰以歲之困阨之時鄉師巡於國及至野外賙給萬民之有囏阨者云以王命施惠者言於其時以王命施布恩惠於下民也○注歲時至之周○釋曰言歲時者隨其事之時不必四時也者鄭知不是四時者以其囏阨是非常之事故不得爲四時解之鄭司農云賙讀爲周急之周者讀從論語周急不繼富之周○

歲終則攷六鄉之治以詔廢置

疏釋曰云歲終者謂周之季冬云則攷六鄉之治者謂鄉師責其治政文書考其功過云以詔廢置者有功則置之有過則廢之詔告也告王與冢宰廢置之

正歲稽其鄉器比共吉凶二服閭共祭器

族共喪器黨共射器州共賓器鄉共吉凶禮樂之器吉服者祭服也凶服者弔服也比長主集爲之祭器者簠簋鼎俎之屬閭胥主集爲之喪器者夷槃素俎楬豆輁軸之屬族師主集爲之此三者民所以相共也射器者弓矢楅中之屬黨正主集爲之爲州長或時射於此黨也賓器者尊俎笙瑟之屬州長主集爲之爲鄉大夫或時賓賢能於此州也吉器若閭祭器者也凶器若族喪器者也禮樂之器若州黨賓射之器者鄉大夫備集此四者爲州黨族閭有故而不共也此鄉器者旁使相共則民無廢事上下相補則禮行而教成○楬苦瞎反輁九勇反軸音逐楅音福又音逼〔疏〕正歲至之器○釋曰正歲稽鄉器者此一句與下爲揔目正歲謂建寅之月稽考也鄉師各自考校當鄉之器服云比共吉凶二服者五家爲比比長一人主集合五家相共吉凶二服云閭共祭器者二十五家爲閭閭胥一人主集合祭器使相共云族共喪器者百家爲族族師一人主集合喪器使相共云黨共射器者五百家爲黨黨正一人主集合射器以共州長之射云州共賓器者二千五百家爲州州長一人主集合賓器以共卿大夫行鄉飲酒之禮云鄉共吉凶禮樂之器者萬二千五百家爲鄉鄉大夫主集此四

器恐州黨已下有故不能自共即旁相共也○注吉服至教成○釋曰云吉服者祭服也者當此內無祭事其於族祭酬黨祭禜州祭社之等無過用朝服又知凶服是弔服者君人喪裳是常服主人自共其弔服是暫服可以相共故知是弔服其庶人弔服無過素冠與深衣而已云比長主集爲之者雖五家之內亦當有官首若非比長主集民不自課故知比長主集爲之云祭器者簠簋者案特牲同姓用簋少牢皆用敦同姓者乃用簋今言簋者況義耳云喪器者夷槃者案喪大記士併瓦盤大夫乃用夷盤今庶人實不得用夷盤引之者以況士喪器非謂庶人得用夷盤也云素俎楬豆者案士喪禮小斂有素俎大斂有楬豆兩籩無縢此不言籩無縢者文略也云輁軸之屬者案既夕禮士朝廟用輁軸以載柩此庶人無輁軸引之者亦以況義知非族內有大夫士得用夷盤輁軸者以其大夫自有祿位不在共限故知引以況義不言棺椁亦主人自共之也故閭師云不樹者無椁此三者並是罰物所爲知者案載師職云宅不毛者有里布田不耕者有屋粟鄭玄云罰之以共吉凶二服及喪器鄭不云祭器文略有祭器可知鄭知必用罰物不用官物爲之者以其不爲官事明不用官物可知云用射器者弓矢楅中之屬者案鄉射大射皆云執長弓挾乘矢楅在庭中射訖命弟子取矢置于楅

以八筭置于中士則鹿中之等是也云之屬者之屬中容有侯乏等云爲州長或時射於此黨也者一州管五黨州長春秋二時射於序學要有一黨之中故云或時射於此黨又云賓器者尊俎笙瑟之屬者案鄉飲酒三年貢士之時行飲酒之禮即有酒尊俎實二人鼓瑟在堂笙入在於堂下故言尊俎笙瑟言之屬者更有籩豆之等云爲鄉大夫或時賓賢能於此州也者一鄉管五州鄉大夫行鄉飲酒之時必在一州之內此州則共之故云或時賓賢能於此州也云吉器若閭祭器者也凶器若族喪器者也者以其鄉大夫備集此四器恐閭族已下有故不得自共故卻還是閭族黨州所當共者也故云吉器若閭祭器者也凶器若族喪器者也云禮樂之器若州黨賓射之器者連州黨幷言之者以其州黨射器賓器二者皆有禮器樂器故州黨幷言之自射器已下皆爲國行禮得官物所爲不出民物故酒正云凡爲公酒者亦如之注云謂鄉射飲酒以公事作酒者亦以式法及酒材授之使自釀之酒材尚得公物明此器等亦出官物可知以其爲官行禮故也云上下相補者自比共吉凶二服至州共賓器已上是下之相補鄉共吉凶禮樂之器者是上之相補故云上下相補云禮行而教成者庶民乏於財物闕於禮義教化不成今以器服共之即禮行而教成也

若國大

比則攷教察辭稽器展事以詔誅賞考教視賢能以知道藝與不察辭視吏言事知其情實不展猶整具【疏】昔國至誅賞○釋曰昔國大比者謂三年大比之時則鄉師考教學之官知其道藝進不云察辭者視官中之吏辭之虛實云稽器者謂考鄉中禮樂兵器之等云展事者謂行事展省視之知其善惡詔告之在上善者賞之惡者誅之

附釋音周禮注疏卷第十一

盧氏宣旬校栞

嘉慶二十年重栞
用文選樓藏本校定

知南昌府張敦仁署鄱陽縣候補知州周澍栞

周禮注疏卷十一挍勘記　阮元撰盧宣旬摘錄

附釋音周禮注疏卷第十一

小司徒

掌建邦之教灋 唐石經宋本余本岳本嘉靖本閩本同監毛本灋改法非下須比灋教灋用灋脩灋及鄉師職準此

以辨其貴賤老幼廢疾 唐石經宋本岳本廢作癈注中同凡非嘉靖本辨作辯亦誤唐石經宋本皆作辨也下及鄉師職等悉準此　典廢字與癈疾字劃然有別此作廢

謂鄉中州祭社禜祭禜 監毛本禜誤宗閩本作禜

皆弛舍無賦 閩本同監毛本弛改施非賈疏依注用弛字

今時白役簿 惠挍宋本同閩監毛本白作日是也

公追戎于濟西　此本注及疏濟皆誤齊今據諸本訂正

案大宰九賦　惠挍本同閩監毛本賦誤職

故鄭不從之　惠挍本故下有後

貢祿不平　宋本嘉靖本同余本閩監毛本貢作穀蓋依今本孟子所改

二萬七百三十六夫治洫　宋本嘉靖本毛本同疏引注亦作二萬閩監本誤一萬

一甸之田稅入於王　毛本於誤于

地事謂農牧衡虞也　諸本同惠挍本作虞衡云余本仍作衡虞

云四井爲邑方三里　浦鏜云二誤三

據稅於王者而言　惠挍本作據一上稅入於王者而言

牧則數牧以蕃鳥獸　浦鏜云藪誤數

故褮三等之號以表之　褮疑舉之訛

謂施民者之職　浦鏜云者之疑之九誤案注云職謂九職也

故其官川衡林衡山虞澤虞之官主當　浦鏜云當疑掌訛

杜子春云讀爲域者　惠挍本讀作當

帥帥而致於大司徒　浦鏜云帥帥誤帥師

故知小功役之事　浦鏜云力役誤功役下同

皆碑挽引而下棺　浦鏜云背誤皆

謂國社侯勝國之社　浦鏜云侯下脫一社

其外更言夷鎮蕃三服爲夷狄　浦鏜云言當有字誤

有功則賞之　惠挍本作則賞賜之

徇以木鐸 唐石經宋本余本嘉靖本同閩監毛本徇作狥訛疏及鄉師職準此

正歲建寅之月懸之 閩監毛本懸改縣下同

云修法糾職者 閩監毛本修作脩此與經中作脩異下同

鄉師

辨其老幼貴賤癈疾馬牛之物 唐石經宋本同此職疏中亦作癈疾嘉靖本閩監毛本作廢非

掌其戒令糾禁 毛本戒誤刑

謂築作堤防城郭等 閩本同監本堤誤提毛本改隄

士虞禮所謂葅 案葅當從諸本作苴此涉上文誤

故書輂作連 禮說云古連輂通車從夫雙引爲辇車從辵步挽爲連一象形一會意也破連爲輂變古

從今失之易蹇六四往蹇來連虞翻曰連輦也管子立政篇畜連乘車海王篇服連軺輦則古輦皆作連矣

及葬執纛　閩監毛本同唐石經宋本嘉靖本纛作翿釋文執翿桃報反葉鈔本作纛然則作纛者非注中同

四綍皆銜枚　閩監毛本同余本嘉靖本銜作銜惠挍本疏中同

翿羽葆幢也　葉鈔釋文作幢也○按作幢是也爾雅音義引作纛羽葆幢也此可證纛卽翿古通用

銜枚所以止讙囂　閩監毛本囂作嚻

匠師執翿羽葆幢　經義雜記曰匠人作匠師譌當改正案下引雜記同誤

又干八輓柩以持六紼　毛本干作二壞字

日中而堋　閩監毛本同宋本堋作傰載音義同嘉靖本堋字土旁改刻蓋本作傰釋文而堋葉鈔本作傰

出田灋于州里　唐石經宋本岳本嘉靖本閩本同監毛本灋改法

鄭大夫讀屯爲課殿　漢讀考云鄭大夫杜子春皆從作臀之本鄭君則曰今書多爲屯從屯今

注作鄭大夫讀屯誤

釋曰云及期 惠挍本下有者此脫

元謂前後屯兵也者 首一字當衍

而賙萬民之囏阨 釋文囏古艱字本亦作艱案經當作囏注當作艱

囏阨飢乏也 嘉靖本飢作饑當據訂正

若州黨賓射之器者 嘉靖本下有也字此脫當補

執長弓挾乘矢 惠挍本長作張此誤

以八筭置于中士則鹿中之等是也 監毛本八筭誤八筭士誤上閩本八筭二字不誤

關於禮義 浦鏜云儀誤義據儀禮通解續挍

謂考鄉中禮樂兵器之等惠挍本作禮器此作樂誤

周禮注疏卷十一挍勘記終

南昌袁泰開挍

附釋音周禮注疏卷第十二

鄭氏注　賈公彥疏

鄉大夫之職各掌其鄉之政教禁令鄭司農云萬二千五百家爲鄉〈疏〉鄉大至禁令○釋曰六鄉大夫各掌其鄉之政令及十二教與五禁號令皆掌之○注鄭司至爲鄉釋曰案上文五州爲鄉故知萬二千五百家爲鄉

正月之吉受教灋于司徒退而頒之于其鄉吏使各以教其所治以攷其德行察其道藝其鄉吏州長以下○治直吏反下考治下治所治處同行下孟反下及注德行之〈疏〉正月至道藝○釋曰言正月之吉者謂建子之月月朔之日云受法於司徒者謂若行六行皆同大司徒職十二教已下其法皆受於司徒而來云退而頒之于其鄉吏者謂已於司徒受得教法遂分與州長已下至比長云使各以教其所治者亦謂州長已下至比長各教所治也云攷其德行者謂鄉大夫以鄉三物教萬民遂考校其萬

民有六德六行之賢者云察其道藝者謂萬民之中有六藝者並擬賓之○注其鄉吏州長以下○釋曰以其比長以上至州長皆屬鄉大夫故知鄉吏州長以下至比長

以歲時登其夫家之衆寡辨其可任者國中自七尺以及六十野自六尺以及六十有五皆征之其舍者國中貴者賢者能者服公事者老者疾者皆舍以歲時入其書

登成也定也國中城郭中也晚賦稅而早免之以其所居復多役少野早賦稅而晚免之以其復少役多鄭司農云征之者給公上事也舍者謂有復除舍不收役事也貴者謂若今宗室及關內侯皆復也服公事者謂若今吏有復除也老者謂若今八十九十復羨卒也疾者謂若今癃不可事者復之玄謂入其書者言於大司徒○復音福下同

【疏】以歲至其書○釋曰云以歲時者謂歲之四時登猶成也定也夫家謂男女謂四時成定其男女多少云辨其可任者謂分辨其可任使者云國中自七尺以及六十者七尺謂年二十知者案韓詩外傳二十行役與此國中七

尺同則知七尺謂年二十云野自六尺以及六十有五者六尺謂年十五故論語云可以託六尺之孤鄭注云六尺之孤年十五已下彼六尺亦謂十五鄭言已下者正謂十四已下亦可以寄託非謂六尺可通十四已下鄭必知六尺年十五者以其國中七尺爲二十對六十野云六尺對六十五晚校五年明知六尺與七尺早校五年故以六尺爲十五也云皆征之者所征稅者謂築作挽引道渠之役及口率出錢若田獵五十則免是以祭義云五十不爲甸徒若征伐六十乃免是以王制云六十不與服戎彼二者並不辨國中及野外之別云其舍者謂不給繇役則國中貴者已下是也云以歲時入其書者此上所云皆歲之四時具作文書入於大司徒故云歲時入其書也○注登成也至司徒○釋曰云登成也定也者以其夫家衆寡若不作文書則多少齒歲不定若作文書多少成定故云登成也定也云國中城郭中也者以其對野故知國中是城郭中也云晚賦稅而早免之者以其經云七尺及六十對野中六尺至六十五是其晚賦稅而早免之云以其所居復多役少者以此經云國中貴者至疾者皆舍據國中而言是其國中復多役少也鄭司農云四事皆若今者並舉漢法況之玄謂入其書者言於大司徒知者以其上云受法於司徒故知入其書者言於大司徒

三年

則大比攷其德行道藝而興賢者能者鄉老及鄉大夫帥其吏與其衆寡以禮禮賓之賢者有德行者能者有道藝者衆寡謂鄉人之善者無多少也鄭司農云興賢者謂若今舉孝廉興能者謂若今舉茂才賓敬也敬所舉賢者能者玄謂變舉言興者謂合衆而尊寵之以鄉飲酒之禮禮而賓之〔疏〕釋曰三年至賓之一閏天道小成則大案比當鄉之內云考其德行道藝者德行謂六德六行道藝謂六藝云而興賢者則德行之人也能者則道藝之人也云鄉老及鄉大夫帥其吏者謂州長以下云與其衆寡者謂鄉中有賢者皆集在庠學云以禮禮賓之者以用也用鄉飲酒之禮以禮賢者能者賓客之舉○注賢者至賓之○釋曰云賢者有德行者欲見賢與德行爲一在身爲德施之爲行內外兼備卽爲賢者也云能者有道藝者鄭亦見道藝與能爲一上注云能者政令行。其身有道藝則政教可行是能者也云衆寡謂鄉人之善者無多少也者案鄉飲酒堂上堂下皆有衆賓不言其數此經衆寡兩言無問多少皆來觀禮故云無多少也鄭司農云若今舉孝廉及茂才者孝悌廉絜人之德行故以孝廉況賢者茂才則秀才也才人之技藝故以況能者也玄謂變舉言興者案禮記文王世子云或以事舉或以言揚故今貢人皆稱舉今變舉言興云謂合衆而尊寵之者合衆卽此經云鄉老及鄉大夫已下是也云鄉飲酒之禮者則儀禮篇飲酒賓舉之法是也

厥明鄉老及鄉大夫羣吏獻賢能之書于王王再拜受之登于天府內史貳之厥其也其賓之明日也獻猶進也王拜受之重得賢者王上其書於天府天府掌祖廟之寶藏者內史副寫其書者當詔王爵祿之時。上其時掌反藏才浪反

疏厥明至貳之。釋曰厥明者謂今日行鄉飲酒之禮也至其明日表奏於王。注厥其至之時。釋曰云天府掌祖廟之寶藏者是春官天府職文也引之者欲見天府掌寶物賢能之書亦是寶物故藏於天府云內史副寫其書者貳副也內史副寫一通文書擬授爵祿案內史職有策命諸侯羣臣之事故使內史貳之

退而以鄉射之禮五物詢衆庶一曰和二曰容三曰主皮四曰和容五曰興舞以用也行鄉射之禮而以五物詢於衆民鄭司

農云詢謀也問於衆庶寧復有賢能者和謂閨門之內行也容謂容貌也主皮謂善射射所以觀士也故書舞爲無杜子春讀和爲和頌謂能爲樂也無讀爲舞謂能爲六舞玄謂和載六德容包六行也庶民無射禮因田獵分禽則有主皮主皮者張皮射之無侯也主皮和容與舞則六藝之射與禮樂與當射之時民必觀焉因詢之也孔子射於矍相之圃蓋觀者如堵牆射至於司馬使子路執弓矢出誓射者又使公罔之裘序點揚觶而語詢衆庶之儀若是乎○寧復扶又反下猶復同皮射之食亦反樂與音餘矍俱縛反本或作瞿音同相息亮反堵丁古反觶支豉反【疏】退而至與舞○釋曰言退者謂獻賢能之書於王退來鄉內云以鄉射之禮者州長春秋二時習射於序名爲鄉射今鄉大夫還用此鄉射之禮云五物詢衆庶者物事也一曰二曰已下是也○注以用也至是乎○釋曰行鄉射之禮者案今儀禮鄉射云豫則鉤楹內堂則由楹外又云序則物當棟堂則物當楣堂謂鄉學據鄉大夫所行射禮也豫謂州長春秋二時習射於序司農云和謂閨門之內行也者以其父子主和故和謂閨門之內行也云容謂容貌也者以其容是容儀故知容貌也後鄭不從此義杜子春讀和爲和頌謂能爲樂也者與舞即舞樂今又以和容謂能爲樂故後鄭亦不從玄謂和載六德

容包六行也者破司農子春之義案大司徒以鄉三物教萬民教成則興之明此詢者還是三物之內不是三物之外別有和容又且主皮與舞是六藝之內明此和容是六德六行之中在下謂之載和在六德之下故云和載六德云容包六行者在上謂之包容則孝也孝在六行之上故云容包六行必知容得爲孝者案漢書高堂生善爲容容則禮也善爲孝者必合於禮之容儀故以孝爲容者也云庶民無射禮者天子至士有大射燕射賓射之等庶人則無此射禮故云無射禮也云因田獵分禽則有主皮者案大司馬職大獸公之小禽私之者至舍更與在田之人射則取之則有云主皮主皮者張皮射之無侯也者自士已上張皮侯采侯獸侯庶人主射此皮故云主皮無侯也云主皮和容興舞則六藝之射與禮樂與者以此三者當之故以主皮當射和容當禮興舞當樂若然三物之中其事一十有八今六德之中唯問和六行之中唯問容六藝之中唯問禮樂獨問此者既貢賢於王其餘則未能盡備故略舉五者以問之六德是其大者故問下之和者六行是其小者故問上之孝者也六藝之中禮以安上治民樂以移風易俗男子生設弧於門左射則是男子之事此者人行之急故特言之自餘略而不說又云當射之時民必觀焉因詢之也者案鄉射記唯君有射于國中其餘則

否注云臣不習武事於君側以其鄉射在城外衆庶皆觀焉故得詢此五物云孔子射於矍相之圃已下者此是禮記射義文天子諸侯射先行燕禮鄉大夫士射先行鄉飲酒之禮時孔子爲鄉大夫鄉射之禮先行飲酒禮故云孔子射於矍相之圃矍相地名以其臣不得在國射故射於矍相之圃蓋觀者如堵墻者以其鄉內衆庶皆集在射所故云觀者如堵墻云射至於司馬者以其飲酒之禮必立司正於將射變司正爲司馬也案鄉射大射司射執弓矢今此云子路執弓矢則子路爲司射也云子路出誓者以其衆庶多不可盡與之射故誓去之云又使公罔之裘序點揚觶而語者案鄉飲酒之禮一人舉觶爲旅酬始二人舉觶爲無筭爵始射在無筭爵前今誓在無筭爵後者但射實在無筭爵前今未射之前用此無筭爵禮二人舉觶之法以誓衆庶耳非謂此射在無筭爵後云詢衆庶之儀若是乎者孔子謂諸侯鄉大夫此經是天子鄉大夫引彼以證此故云乎以疑之

此謂使民興賢出使長之使民興能入使治之

言是乃所謂使民自舉賢者因出之而使之長民敎以德行道藝於外也使民自舉能者因人之而使之治民之貢賦田役之事於內也言爲政以順民爲本也書曰天聰明自我民聰

明天明威自我民明威老子曰聖人無常心以百姓心爲心如是則古今未有遺民而可爲治〔疏〕此謂至治之釋曰言此謂使民與賢者謂上經賓舉者皆民中舉之還使，治民故云此謂使民與賢出使長之謂使鄉外與民爲君長云使民與能入使治之者謂能者復來入鄉中治民之貢賦○注言是至爲治○釋曰云使民自舉賢者因出之而使之長民教以德行道藝於外也者以賢者德大故遣出外或爲都鄙之主或諸侯皆可也以其自有德行道藝故還使之教民以德行道藝云使民自舉能者因人之而使之治民之貢賦田役之事於內也者以其能者德小不可以爲大夫諸侯等故還入鄉中量德大小以爲比長鄰長已上之官治民之貢賦田役於內也云言爲政以順民爲本也者禮記云上酌民言則下天上施不酌民言則下不天上施故言爲政以順民爲本也書曰天聰明已下是尚書咎繇篇之文也自用也言天雖聰明視聽既遠不自用己之聰明用民之聰明民之歸者則授之以天位謂若湯武是也天明威自我民明威者威畏也天雖明察可畏不自用己之明威用我民明威民所叛者則討之謂若桀紂是也云老子曰聖人無常心以百姓心爲心者但聖人形如枯木心若死灰空洞無我故無常心以百姓之心爲心引之者證順民爲本之意云如是則古人未有遺民而可爲治者天聰明是古老子與此文爲今皆順民爲治故云古今未有遺民而可爲治也**歲終則令六鄉之吏皆會政致事**會計也致事言其歲盡文書〔疏〕年終至致事。釋曰年終將考其得失則令六鄉之吏州長之官皆計會教政之功狀致其所掌之事於鄉大夫鄉大夫以下致與大司農然後考之**正歲令羣吏攷灋于司徒以退各憲之於其所治之國**〔疏〕釋曰正歲建寅之月鄉大夫令州長已下羣吏令使考法於司徒正謂受而考量行之故云以退各憲之於其所治憲者表縣之也**大詢于衆庶則各帥其鄉之衆寡而致於朝**大詢者詢國危詢國遷詢立君鄭司農云大詢于衆庶洪範所謂謀及庶民〔疏〕大詢至於朝。釋曰國有大事必順於民心故與衆庶詢謀則六鄉大夫各帥其鄉之衆寡而致於朝謂外朝三槐九棘之所其詢謀之。注大詢至庶民。釋曰知大大詢詢國危詢國遷詢立君者案小司寇職云掌外朝之政以致萬民而詢焉一曰詢國危巳安庶民云國大詢于衆庶而致於朝故知大詢者詢國危之等此三者皆是國之大事故稱大詢小司寇雖不云大大卜云大貞即此詢國危之等也鄭司農云大詢於衆庶引洪範所謂謀及庶民者彼謀及庶民即大詢於衆庶一也故引爲證

國有大故則令民各守其閭以待政令　使民皆聚於閭胥所治處〔疏〕國有至政令。釋曰大故謂災變寇戎之等警急須人故鄉大夫令州長已下使民各守其閭胥所治處以待國之政令。注使民至治處。釋曰二十五家爲閭中士爲閭胥則有治政之處以聚其民

以旌節輔令則達之　民雖以徵令行其將之者無節則不得通〔疏〕以旌至達之。釋曰國有大事故恐有姦寇故使民徵令出入來往皆須得旌節輔此徵令文書乃得通達使過故鄭云民雖以徵令行其將之者無節則不得通

州長各掌其州之教治政令之灋　鄭司農云二千五百家爲州論語曰雖州里行乎哉春秋傳曰鄉取一人焉以歸謂之夏州〔疏〕州長至之灋。釋曰一鄉管五州中大夫一人爲州長故云州長各掌其州之教也教謂十二教之外所施政令皆治之。注鄭司至夏州。釋曰二千五百家爲

州者雖無正文約則有之案上文五家爲比五比爲閭四閭爲族五族爲黨五黨爲州州二千五百家也又引春秋傳曰巳下者案左氏宣公十一年傳曰楚子伐陳遂入陳殺夏徵舒因縣陳申叔時諫乃復封陳鄉取一人焉以歸謂之夏州注云言取討夏徵舒之州引此者以證有州之義也

正月之吉各屬其州之民而讀灋以攷其德行道藝而勸之以糾其過惡而戒之屬猶合也聚也因聚衆而勸戒之者欲其善○屬音燭注下皆同

［疏］正月至戒之○釋曰謂建子之月一日也各屬其州之民者屬猶合也聚也謂合聚一州之民也而讀法者謂對衆讀一年政令及十二教之法使知之云以考其德行道藝而勸之者謂考量民之六德六行及六藝之道藝而勸勉之使之勤脩云以糾其過惡而戒之者民有過惡糾察與之罪而懲戒之○注屬猶至其善○釋曰言因聚衆而勸戒之者謂欲勸戒之必須聚衆故言因聚衆而勸戒之欲其善也

若以歲時祭祀州社則屬其民而讀灋亦如之春秋以禮會民而射于州

序州黨之學也會民而射所以正其志也射義曰射之爲言繹也繹者各繹己之志○會如字注同

疏 若以至州序○釋曰上云歲時皆謂歲之四時此云歲時唯有歲之二時春秋耳春祭社以祈膏雨望五穀豐熟秋祭社者以百穀豐稔所以報功故云祭祀州社也云則屬其民而讀法亦如之者凡讀法皆因節會以聚民今既祭因聚民而讀法故云亦如之云春秋以禮會民而射于州序者州長因春秋二時皆以禮會聚其民而行射禮于州之序學中言以禮者亦謂先行鄉飲酒之禮乃射故云以禮也○注序州至之志○釋曰此知序州黨學者案下黨正亦云飲酒于序故知州黨學同名爲序若鄉則立庠故禮記鄉飲酒義云主人迎賓于庠門之外彼鄉大夫行賓賢能非州長黨正所行故知庠則鄉學也云會民而射所以正其志也者凡禮射皆須存其志意故鄭即引射義曰射之爲言繹也繹者各繹己之志繹陳也言各陳己志者謂若射義云射者內志正外體直乃能中之是也

凡州之大祭祀大喪皆涖其事

大祭祀謂州社稷也大喪鄉老鄉大夫於是卒者也涖臨也

疏 凡州至其事○釋曰云凡者以其大祭大喪非一故云凡也云州之大祭祀大喪者則非國家祭祀喪事謂州之大祭唯有春

秋祭社也州之大喪者三公卿大夫之喪也云皆涖其事者二州長皆臨其事也○注大祭至臨也○釋曰言大祭祀謂州社稷者以上文云歲時祭祀州社此經又因言州之大祭祀故知還是上文州社也知有稷者以其天子諸侯三社皆稷對之故知兼有稷也言州社者若言大社國社之類又對黨祭禜族祭酺故此特言州社也云大喪鄉老鄉大夫者以其遠郊之內置六鄉鄉老與鄉大夫死不出六鄉要在一鄉一州一黨一族一閭之內今據州而言故云於是卒者也

若國作民而師田行役之事則帥而致之掌其戒令與其賞罰致之致之於司徒也掌其戒令賞罰則是於軍因爲師帥

疏若國至賞罰○釋曰言若者不定之辭若如也如有國家作起其民師謂征伐田謂田獵行謂巡狩役謂役作此數事者皆須徵聚其民州長則各帥其民而致之于司徒也云掌其戒令與其賞罰者州長既致其民還自領巳民爲師帥故還使州長掌之也○注致之至師帥○釋曰云致之於司徒也者謂州長致與小司徒小司徒乃帥而致與大司徒故小司徒職云大軍旅帥其衆庶是也云因爲師帥者若衆屬軍吏別有軍吏掌之何得還自掌之故知因爲師帥也但在鄉爲

州長已管其民在軍還領己民爲師帥即是因内政寄軍令也**歲終則會其州之政令正歲則讀教灋如初**雖以正月讀之至正歲猶復讀之因此四時之正重申之○重直用反〔疏〕歲終正如初○釋曰既不言正歲之終周禮之内直言歲終者皆是周之歲終也言則會其州之政令者謂會計當州黨正已下政令文書將以考課也云正歲則讀教法如初者以其建寅之月得四時之正於教令審故又讀教法言如初者亦當屬民讀之也

三年大比則大攷州里以贊鄉大夫廢興廢興所廢退所興進也鄭司農云贊助也〔疏〕三年至廢興○釋曰州長至三年大案比之日則大考州里者謂年年考訖至三年則大考之言大者時有黜陟廢興故也

黨正各掌其黨之政令教治鄭司農云五百家爲黨論語曰孔子於鄉黨又曰闕黨童子○治直吏反〔疏〕黨正至教治○釋曰言各者一鄉有二十五黨故各掌其黨之政令及十二教與治職文書○注鄭司至童子○釋曰先鄭知五百家爲黨者以其五家爲比五比爲閭四閭爲族五族

爲黨故知也引論語者證有黨義也

及四時之孟月吉日則屬民而讀邦灋以糾戒之以四孟之月朔日讀法者彌親民者於教亦彌數○數音所角反

【疏】及四至戒之○釋曰及至也黨正四時孟月吉日則屬民而讀邦法者因糾戒之如州長之爲也○注以四至屬彌數○釋曰云以四孟之月朔日讀法者彌親民者於教亦彌數者上文州長雖有建子建寅及春秋祭社四度讀法此黨正四孟及下文春秋祭禜并正歲一年七度讀法者以其鄉大夫管五州去民遠不讀法州長管五黨去民漸親故四讀法黨正去民彌親故七讀法鄭云彌親民者則非直徒辭黨正而已案下族師十四度讀法彌多於此故鄭揔釋云彌親民者於教亦彌數也

春秋祭禜亦如之禜謂雩禜水旱之神蓋亦爲壇位如祭社稷云○禜榮敬反

【疏】春秋至如之○釋曰黨正不得與州同祭社故亦春秋祭禜神也○注禜謂至稷云○釋曰鄭知祭。謂雩禜水旱之神者案禮記祭法云雩禜祭水旱案昭公元年左氏傳子產云水旱癘疫之不時於是乎禜之皆是禜祭水旱神也云蓋亦爲壇位如祭社稷云者以其大司徒及封人等皆云社稷有壇又祭法王宮祭日及雩禜祭水旱等皆是壇名故知亦如社稷有壇位無正文故言云以疑之也**國索鬼神而祭祀則以禮屬民而飲酒于序以正齒位壹命齒于鄉里再命齒于父族三命而不齒**國索鬼神而祭祀謂歲十二月大蜡之時建亥之月也正齒位者鄉飲酒義所謂六十者坐五十者立侍六十者三豆七十者四豆八十者五豆九十者六豆是也必正之者爲民三時務農將闕於禮至此農隙而教之尊長養老見孝悌之道也黨正飲酒禮亡以此事屬於鄉飲酒之義微失少矣凡射飲酒此鄉民雖爲卿大夫必來觀禮鄉飲酒鄉射記大夫樂作不入士旣旅不入是也齒于鄉里者以年與衆賓相次也齒于父族者父族有爲賓者以年與之相次異姓雖有老者居於其上不齒者席于尊東所謂遵○蜡仕詐反依字作䄍爲于僞反隙去逆反本又作郤弟音悌下同 疏 國索至不齒 釋曰黨正行正齒位之禮在十二月建亥之月爲之非蜡祭之禮而此云國索鬼神而祭祀者以其正齒位禮在蜡月故言之以爲節耳當國索鬼神而祭祀之時則黨正屬聚其民而飲酒于序學中以行正齒位之法當正齒位之時民內有爲一命已上

必來觀禮故須言其坐之處云一命齒于鄉里者此黨正是天子之國黨正則一命亦天子之臣若有一命之人來者即于堂下鄉里之中爲齒也云再命齒于父族者謂父族爲賓即與之爲齒年大在賓東年小在賓西三命而不齒者若有三命之人來者縱令父族爲賓亦不與之齒若非父族是異姓爲賓灼然不齒位在賓東故云不齒也若然與命雖不見天子之士命數序官有上士中士下士則上士三命中士二命下士一命則此一命謂下士再命謂中士三命謂上士也○注國索至謂蒩○釋曰云國索鬼神而祭祀謂歲十二月大蜡之時是禮記郊特牲文建亥之月者是鄭君辭義語言此者謂行正齒位之禮亦在此月也云正齒位者鄉飲酒義所謂六十者坐至六豆者並是彼文案彼文謂五十者立侍六十者乃於堂上而坐禮年六十巳上籩豆有加故不得籩豆耦而云六十者三豆七十者四豆八十者五豆九十者六豆若然則堂下五十立者二豆而巳引之者證此經與彼同是正齒位之法也云必正之者爲民三時務農將闕於禮至此農隙而教之尊長養老見孝弟之道也者春夏秋三時務在田野闕於齒序之節隙閑也至此十月農事且閑而教之言尊長養老即五十巳上至九十正齒位是也但孝弟施于家內今行尊長養老則是孝弟之道通達于外者也云黨正

飲酒禮亡者儀禮篇卷並在之日别有黨正飲酒之禮見今十七篇内無黨正飲酒之禮故云亡也云以此事屬于鄉飲酒之義微失少矣者但儀禮未亡之時篇内論正齒位之禮其義具悉今將此經之事連屬於鄉飲酒義則鄉飲酒義雖有五十已上豆數之言此經雖有一命已上觀禮之事二處相兼比於儀禮篇中鄉飲酒法義理乃未足微失於少故云徵失少矣云凡射飲酒者謂州長春秋行社黨正十二月行飲酒二事俱同故兼言射也云此鄉民雖爲卿大夫必來觀禮者證此經一命以至三命齒與不齒之人來在位之法也又引鄉飲酒鄉射記者證二事俱有一命已上觀禮來入時節案彼經鄉大夫皆作樂前入士未旅前入故云大夫樂作不入鄭彼注云後樂賢也云士既旅不入注云後正禮也若然大夫士來觀禮者皆爲樂賢行禮而至故大夫樂作不入士既旅不入也云齒于鄉里者以年與衆賓相次也者謂在堂下與五十已下衆賢賓客相次以其一命若據天子之國一命爲下士若據諸侯之國一命爲公侯伯之士若據子男之士不命固在堂下以其士立于下故也云齒于父族者父族有爲賓者以年與之相次者以其賓在戸牖之間南面若賓是同姓父族則與之齒也云異姓雖有老者居於其上者既言齒于父族明異姓非父族不齒可知云不齒者席于尊

東所謂遵者案鄉飲酒鄉射皆酒尊在室戸東房戸西賓主夾之鄉人爲鄉大夫來觀禮爲鄉人所遵法謂之爲遵席位在酒尊東公三重大夫再重故知不齒者席于尊東也云所謂遵者所謂鄉射鄉飲酒之遵也案鄭注鄉飲酒云此篇無正齒位之事焉者彼是三年一貢士直行飲酒之禮賢者爲賓其次爲介其次又爲衆賓賓而貢之如此無黨正正齒位之事案彼注又云天子之國三命者不齒於諸侯之國爵爲大夫則不齒矣者以其賓賢能年幾必小於鄉大夫等是以天子之國三命士及公侯伯之鄉三命大夫一命子男之鄉再命大夫一命但是大夫已上無問命數皆不齒以其大夫已上爵尊故也但諸侯之鄉當天子之上士故天子之國一命乃不齒天子士再命已下及諸侯之士則皆齒以其士卑立于下故在堂下與鄉人立者齒也彼是賓賢能禮若黨正飲酒之禮則此文是天子黨正飲酒法則一命齒于鄉里在堂下與鄉人齒再命齒于父族父族爲賓在堂上則天子再命之士亦在堂上與彼賓賢能鄉飲酒義異者案鄉射記云大夫與則公士爲賓則此黨正飲酒有一命已上觀禮則亦以公士爲賓但公家之士其年必大故天子之士再命者亦與之齒若然賓賢能天子之士再命不齒者彼賓賢能非正齒位法別爲一禮故與黨正正齒位禮異也 凡其

黨之祭祀喪紀昏冠飲酒教其禮事掌其戒禁其黨之民。冠古亂反〔疏〕凡其至戒禁。○釋曰此一經並是民之所行上州之祭祀大喪義異此祭祀已下雖是民之所行民者寘也非教不可故黨正皆教其禮事也因掌其戒命督禁之。○注其黨之民。○釋曰經云凡其黨之祭祀之等言凡是廣及之言故云其黨之民也凡作民而師田行役則以其灋治其政事亦於軍因為旅帥〔疏〕注亦於至旅帥。○釋曰此亦如上釋非衆屬軍吏者黨正在鄉各管五百家出軍之時家出一人則五百人為旅黨正還為旅帥亦如州長因為師帥也歲終則會其黨政帥其吏而致事〔疏〕釋曰黨正以一黨之內有族師以下諸官等故歲終則會計一黨政治功狀則帥其族師以下之吏致其所掌之事於州長州長又致與鄉大夫鄉大夫致與大司徒而行賞罰也正歲屬民讀灋而書其德行道藝之書記〔疏〕注書記之。○釋曰黨正於正歲建寅朔日聚衆庶讀法因即書其德行道藝鄭舉書書記之者以其三年乃一貢今每年正歲皆書記勸勉之三年即貢之也**以歲時涖校比**涖臨也鄭司農云校。比族師職所謂以時屬民而校登其族之夫家衆寡辨其貴賤老幼廢疾可任者及其六畜車輦如今小案比〔疏〕以歲時涖校比。釋曰案族師職以歲之四時校比此黨正管五族至校比之時黨正往臨之恐其有差失故也。注涖臨至案比。釋曰鄭司農所云者並族師職文以其黨正所臨臨族師故還引族師校比之法以證成其義也云如今小案比者此舉漢法言小案比對三年大比爲小耳**及大比亦如之**〔疏〕釋曰及至也族師至三年大案比黨正亦涖之

族師各掌其族之戒令政事政事邦政之事鄭司農云百家爲族〔疏〕族師至政事。釋曰云各掌其族之戒令政事。以其族師主百家各自受法于上而掌其族戒令政事也。注政事至爲族。釋曰云政事邦政之事者謂國之征役皆是也先鄭云百家爲族者亦約五家爲比五比爲閭四閭爲族故知族百家也**月吉則屬民而讀邦灋書其孝弟睦婣**

有學者月吉每月朔日也故書上句或無事字杜子春云當爲正月吉書亦或爲戒令政事月吉則屬民而讀邦法

〈疏〉月吉至學者○釋曰此族師亦聚衆庶而讀法因書其孝弟睦婣有學者黨正直書德行道藝具言此云孝弟睦婣惟據六行之四事有學即六藝也計族師所書亦應不異黨正但文有詳略故所言有異但族師親民故析別而言耳○注月吉至邦法○釋曰云月吉每月朔日也者以其彌親民教亦彌數故十二月朔皆讀之云故書上句或無事字者則月與上政字連政又爲正字故杜子春云當爲正月吉旦○族師親民讀法宜數若爲正月之吉則與黨正同於義不可云書亦或爲戒令政事月吉則屬民而讀邦法者此義還與經同於義爲得後鄭從之故引之在下也

春秋祭酺亦如之酺者爲人物烖害之神也故書酺或爲步杜子春云當爲酺玄謂校人職又有冬祭馬步則未知此世所云蝝螟之酺與人鬼之步與蓋亦爲壇位如雩禜云族長無飲酒之禮因祭酺而與其民以長幼相獻酬焉○酺音步或音蒲校戶教反蝝悅全反螟覓經反酺與音餘下步與同禜禜敬反本亦作禜下黨禜同

〈疏〉春秋祭酺亦如之○釋曰族師於春秋祭祀酺神之時亦如上月朔讀法也○注酺者至酬焉○釋曰鄭知酺

者爲人物裁害之神者凡國之所祭者皆恐與人物爲裁害
謂若州長黨正所祭社禜亦爲水旱與物爲裁害明此亦是
恐與人物爲裁害之神也云故書酺或爲步杜子春云當爲
酺者校人職云馬步亦爲行步之字而子春破之從酺者子
春亦無正文直以此經今文爲酺故依之也玄謂校人職又
有冬祭馬步者彼是與馬爲害故祭之引之者證此酺亦與
人物爲害云則未知此世所爲蝝蝮之酺與人鬼之步與者
但此經云酺不知何神故舉漢法以況之但漢時有蝝蝮之
酺神又有人鬼之步神未審此經酺定當何酺故兩言之以
無正文故皆云與以疑之也云蓋亦爲壇位如雩禜云者上
黨正雩禜鄭云蓋亦爲壇位如祭社稷云已疑禜爲壇位今
此文約與雩禜同故言云以疑之云族長無飲酒之禮者案
上州長春秋習射有飲酒禮黨正十月農功畢亦有飲酒禮
皆得官物爲之今此族卑不得官物爲禮故云族無飲酒禮
也云因祭酺而與其民以長幼相獻酬焉者鄭必知因祭酺
有民飲酒之禮者案禮記禮器云周旅酬六尸曾子曰周禮
其猶醵與鄭注彼云合錢飲酒爲醵旅酬相酌似之也即引
明堂禮乃命國醵鄭據禮器明堂禮皆有醵法醵即合錢飲
酒以不得官酒
故須合錢耳

以邦比之灋帥四閭之吏以時屬

民而校登其族之夫家衆寡辨其貴賤老幼癈疾可任者及其六畜車輦登成也定也〔疏〕以邦至車輦〇釋曰云以邦比之法者案比之法國家有常故據其常法以案比之故云以邦比之法也云師四閭之吏者族師管四閭閭胥皆中士又有二十比比長皆下士是師四閭之吏也云以時屬民而校者謂屬聚其民而校比之也云登其族之夫家衆寡者夫家即男女也有夫有婦乃成家自二人以至十人爲九等七六五者爲其中若然則六口爲中七口已上爲衆五口已下爲寡云辨其貴賤老幼者貴謂鄉大夫賤謂占賣國之斥幣販易之人也癈疾謂癈於人事疾病若今癃不可事者也云可任者謂若國中七尺以及六十野自六尺以及六十五皆征之則可任也者〇及其六畜馬牛羊豕犬雞車駕牛馬輦人挽行皆辨之也

五家爲比十家爲聯五人爲伍十人爲聯四閭爲族八閭爲聯使之相保相受刑罰慶賞相及相共以受邦職以役國事

以相葬埋。相共猶相救相賙○葬如字劉才郎反埋本或作貍莫皆反 疏 五家至葬埋○釋曰云五家爲比十家爲聯又云五人爲伍十人爲聯者在家爲有五家爲比比長領之無十家爲聯相管之法今云十家爲聯者以在軍之時有十人爲什本出於在家故并二比爲十家爲聯擬入軍時相并故覆云五人爲伍十人爲聯明是在軍法耳云四閭爲族八閭爲聯者張逸問族百家安得有八閭鄭荅并之爲聯耳若然亦如二比爲聯之類也云使之相保者謂相保不爲愆負云相受者謂宅舍有故相受寄託云刑罰慶賞相及者案趙商問族師之義鄰比相坐康誥之誥門內尚否書禮是錯未達旨趣鄭荅族師之職周公新制禮使民相共勑之法康誥之時周法未定又新誅三監務在尚寬以安天下先後異時各有云爲乃謂是錯○注相共至相賙○釋曰案大司徒職云五族爲黨使之相救五黨爲州使之相賙此所戒勑亦與彼同故引爲證也

若作民而師田行役則合其卒伍簡其兵器以鼓鐸旗物帥而至掌其治令戒禁刑罰 亦於軍因爲卒長 疏 若作至刑罰○釋曰若作民而師田行役

則合其卒伍者旅師主百家家出一人即爲一卒卒長還使旅師爲之故鄭云亦因爲卒長也云簡其兵器者在軍即有弓矢殳矛戈戟云以鼓鐸旗物者案大司馬春辨鼓鐸王執路鼓諸侯執賁鼓軍將執晉鼓師帥執提旅帥執鼙卒長執鐃兩司馬執鐸公司馬執鐲又司常云王建大常已下是鼓鐸旗物也帥而至者旅師以帥士卒具備帥至於鄉師以致司徒也注亦於軍因爲卒長者亦釋經掌其治 歲終則會令已下亦非衆屬軍吏還是自爲卒長者也

政致事

閭胥各掌其閭之徵令 鄭司農云二十五家爲閭 (疏) 注鄭司至爲閭釋曰先鄭知二十五家爲閭者以其五家爲比五比爲閭故知閭二十五家也而云各掌其閭之徵令者徵令即下文歲時以下之事是也 以歲時各數其閭之衆寡辨其施舍

凡春秋之祭祀役政喪紀之數聚衆庶既比則讀灋書其敬敏任恤者 祭祀謂州社黨禜族酺也役田役也政若州射

黨飲酒也喪紀大喪之事也四者及比皆會聚衆民因以讀法以勑戒之故書旣爲暨杜子春讀政爲征暨爲旣○數色主反政役如字杜音征會如字下會同暨其器反又斤乙反

疏以歲歲至恤者○釋曰言以歲時者謂歲之四時云各數其閭之衆寡者閭胥各自數當閭之內戶口多少云辨其施舍者亦謂國中七尺以及六十野自六尺以及六十有五皆征之已外施舍不役云凡春秋之祭祀役政喪紀之數聚衆庶者謂州長黨正族師祭祀及役政與王家喪紀閭胥皆爲之聚衆庶以待驅使也云旣比則讀法者上族師已上官尊讀法雖稀稠不同皆有時節但閭胥官卑而於民爲近讀法無有時節但是聚衆庶比之時節讀法故云旣比則讀法云書其敬敏任恤者以上書其德行道藝今此閭胥親民更近故除任恤六行之外兼記敬敏者也○注祭祀至爲旣○釋曰知祭祀謂州社黨禜族酺者以其黨鄉之內所有祭祀無過此三者而已故知義然也云役田役也者上文師田行役並言則役是役作但田是國之常事田重於功作此文不云田故知役是田役也知政是州射黨飲酒者政與上祭祀連文聚衆庶故知若州射及黨飲酒也云喪紀大喪之事也者此大喪王之喪也知者以其聚衆庶明非上州之大喪故以王之喪解之

凡事掌其比

觵撻罰之事觵撻者失禮之罰也觵用酒其爵以兕角爲之撻扑也故書或言觵撻之罰事杜子春云當言觵撻罰之事○觵古橫反撻吐達反扑普卜反

疏凡事至之事○釋曰言凡非一則是鄉飲酒及鄉射飲酒有失禮者須罰之故云凡事云掌其比者八聚則有校比之法皆掌之云觵撻罰之事者凡有失禮者輕者以觵酒罰之重者以楚撻之故雙言觵撻罰之事○注觵撻至之事釋曰鄭知觵用酒者以其古者失禮之罰罰用酒又知其爵以兕角爲之者見詩云兕觵其觩故知用兕牛角爲觵爵也云撻扑也尚書云扑作教刑孔云扑榎楚故知此撻亦扑也云故書或言觵撻之罰事杜子春云當言觵撻罰之事者子春之意以觵罰在之上於義爲切故從經爲正者也

比長各掌其比之治五家相受相和親有辠奇衺則相及衺猶惡也○治直吏反辠本亦作罪衺似嗟反

疏比長至相及釋曰比長管五家下士爲之家數雖少亦有治法故各掌其比之治云五家相受者宅舍有故崩壞相寄託云相和親者案尚書云爾室不睦爾惟和哉五家之內有不和親則使之自相和親云有辠奇衺則相及者五家有罪惡則連及欲使不犯故注云

褎猶惡也**徙于國中及郊則從而授之**徙謂不便其居也或國中之民出徙郊或郊民入徙國中皆從而付所處之吏明無罪惡○便婢面反〔疏〕徙于至授之○釋曰五家之內人有不便其居須徙者則使伍長從而授之○注徙謂至罪惡○釋曰云徙謂不便其居也者古者三歲大比之年民有願獸於本居之處不便則任民遷徙故云不便其居也周法遠郊百里內并國中共爲六鄉此國中及郊所徙者並不離當鄉之內言或國中之民出徙郊者先從近向遠釋經徙于郊之文也云或郊民入徙國中者郤釋經徙于國中之文也云皆從而付所處之吏明無罪惡者釋經則從而授之之文也若有罪惡則下文無授無節圜土內之其人私逃有何付授之也今伍長自往付授明無罪惡直是不便其居耳**若徙于他則爲之旌節而行之**徙于他謂出居異鄉也授之者有節乃達〔疏〕若徙至行之○釋曰上經是當鄉之內遷徙直須伍長送付彼吏今此經言徙于他是出向外鄉則當爲旌節乃行之○注徙於至乃達○釋曰言徙于他對上經直言國中及郊爲鄉內此言徙于他明是出居異鄉也云授之者有節乃達者鄭欲見上經鄉內徙者有授無節此徙外鄉非直有

授兼亦有節乃可行故鄭言此有節亦授之者也此節即道路用旌節一也

若無授無節則唯圜土內之

鄉中無授出鄉無節過所則呵問繫之圜土考辟之也圜土者獄城也獄必圜者規主仁以仁心求其情古之治獄閔於出之○呵呼何反叉音何

【疏】若無至內之○釋曰揔結上二經故鄭云鄉中無授出鄉無節此皆罪人故當唯圜土內之也○注鄉中至無無出之○釋曰上釋出鄉有授兼節此注釋鄉中無授出鄉無節以出鄉空有節而全無授者以其出鄉雖兼有授直舉有節似對鄉內有授何妨有節兼有授也若直有節而無授何以分別罪惡之人云過所則呵問繫之圜土考辟之也者謂所過之官司見即呵問之必知有呵問之者若不呵問窮詰則虛實難明故知呵問也繫之圜土考辟之者謂繫在獄中辟法也考量以法推問無授無節之由也云圜土者獄城也獄必圜者規主仁以仁心求其情者案禮記深衣有規矩權衡規配東方仁矩配西方義但獄。斷獄之法有義有仁雖以義斷使合宜仍以仁恩閔念求得情實閔念出之故獄城圜也

封人掌詔王之社壝爲畿封而樹之

壝謂壇及堳埒

也畿上有封若今時界矣〔疏〕封人至樹之○釋曰云掌設王之社壝者謂王之三社三稷之壇及壇外四邊之壝皆設置之直言壝不云壇壝外以見內內有壇可知也云爲畿封而樹之者謂王之國外四面五百里各置畿限畿上皆爲溝塹其土在外而爲封又樹木而爲阻固故云爲畿封而樹之○注壝謂至細也○釋曰壝謂壇及堳埒也者堳埒即壝經不言壇故鄭兼見之也云畿上有封若今時界矣者漢時界上有封樹故舉以言之云不言稷者稷社之細也者案大司徒及下文皆社稷俱言此獨言社不言稷故解之案孝經緯社是五土揔神稷是原隰之神原隰即是五土之一耳故云稷社之細舉社則稷從之矣故言社不言稷也稷既是原隰之神但原隰宜五穀五穀不可遍敬稷又爲五穀之長故立稷以表名孝經注直云社謂后土者舉配食者而言耳

凡封國設其社稷之壝封其四疆封國建諸侯立其國之封〔疏〕凡封至四疆○釋曰言凡封國者封五等之國非一故云凡以廣之云設其社稷之壝者案禹貢徐州貢五色土孔注云王者封五色土爲社建諸侯則各割其方色土與之使立社燾以黃土苴以白茅茅取其潔黃取王者覆四方是封乎諸侯立社稷之法也云

封其四疆者諸侯百里以上至五百里四邊皆有封疆而樹之故云封其四疆也○注封國至之封○釋曰封國建諸侯者若典命云三公八命其卿六命大夫四命其出封皆加一等是建諸侯也云立其國之封者封則經云四疆是也

造都邑之封域者亦如之（疏）釋曰云造都邑者謂大都小都家邑三等采地有百里五十里二十五里皆有四邊封域故云之封域也云亦如之者亦如上諸侯有四疆也

令社稷之職將祭之時令諸有職事於社稷者也郊特牲曰唯爲社事單出里唯爲社田國人畢作唯爲社丘乘共粢盛所以報本反始也○唯爲于僞反下同單音丹乘繩證反（疏）令社稷之職○釋曰春秋祭社皆有職事令之者使各依職司而行故須令之也○注將祭至始也○釋曰言將祭之時者春秋祭社日皆用甲未祭之前令諸有職事于社稷者也云唯爲社事單出理者單盡也盡往助祭于州長此據六鄉之中又云唯爲社田國人畢作者畢亦盡也國人盡行鄭云非徒羨謂在六遂之中以下劑致甿當家之內一人爲正卒一人爲羨卒其餘爲餘夫但田與追胥竭作餘夫亦行故云非徒羨也云唯爲社丘乘共粢盛者此據三等采地之中故有丘甸井田之法案小司徒職云九夫爲井四井爲

邑四邑爲丘四丘爲甸甸方八里旁加一里則爲一成成百井九百夫一井之地九夫八家各治一夫自入其治一夫稅入於君以共粢盛而祭社故云丘乘共粢盛也云所以報本反始也者社稷爲土神是民之本句龍后稷是民之始反亦報也命民共之者所以報本反始也引之者證祭祀各有職事

凡祭祀飾其牛牲設其楅衡置其絼共其水槀飾謂刷治潔清之也鄭司農云楅衡所以楅持牛也絼著牛鼻繩所以牽牛者今時謂之雉與古者名同皆謂夕牲時也杜子春云楅衡所以持牛令不得抵觸人玄謂楅設於角衡設於鼻如椵狀也水槀給殺時洗薦牲也絼字當以豸爲聲○楅音福絼本又作紖持忍反槀古老反淸如字又才性反著直略反令力呈反抵丁禮反椵音加沈一音遐豸直氏反

疏凡祭至水槀○釋曰言凡祭祀謂王之天地宗廟先大次小之祭祀非一故云凡以廣之云飾其牛牲者祭祀尚潔淨故飾治使淨也設其楅衡者恐抵觸人故牛須設楅于角牽時須易制故設衡于鼻置絼當牽行故亦置之于鼻也須洗薦牲體故共其水槀也○注飾謂至爲聲○釋曰司農云楅衡所以楅持牛也者司農意以衡爲持故云所以楅持牛以楅衡共一物解之與子春同後鄭不從之矣

云緺著牛鼻繩所以牽牛者今時謂之雉與古者名同者若然自漢以前皆謂之緺案禮記少儀云牛則執紖紖則緺之別名今亦謂之爲紖也云皆謂夕牲時也者但夕牲在祭前之夕正祭在厥明二時皆有此事明據在前夕牲時而言也杜子春云楅衡所以持牛令不得抵觸人者子春意楅衡唯設于角與司農義同後鄭亦不從也玄謂楅設于角者楅者相楅迫之義故知設於角云衡設於鼻者衡者橫也謂橫木於鼻今之駞猶然故知設於鼻破先鄭子春之義云如椵狀者漢時有置于大之上謂之椵故舉以之爲況衡者也云水稾給殺時洗薦牲也者其牛將殺不不須飼之又充人已飼三月不得將殺始以水稾飲飼水所以洗牲稾所以薦牲故雙言洗薦牲也云緺字當以豸爲聲者爾雅有足曰蟲無足曰豸但牛紖以麻爲之從糸爲形以豸爲聲故云緺字當以豸爲聲

歌舞牲及毛炮之豚

謂君牽牲入時隨歌舞之言其肥香以歆神也毛炮豚者爓去其毛而炮之以備八珍鄭司農云封人主歌舞其牲云博碩肥腯○炮薄交反爓似鹽反去起吕反腯徒忽反

疏 歌舞至之豚○釋曰言歌舞牲者謂君牽牲入時封人隨後歌舞云博碩肥腯也云及毛炮之豚者謂造炮豚之時則爓去其毛以炮之也○注謂君至肥腯○釋曰案

禮記祭義云君牽牲穆荅君卿大夫序從是君牽牲入時也云隨歌舞之言其肥香以歆神也者解封人隨牲後歌舞之時節及使神歆享之意云毛炮豚者爓去毛而炮之者經直云毛炮恐人以弁毛炮之案禮記內則有炮豚炮牂皆編萑以苴之塗之以墐塗孰乃擘去之彼雖炮亦不言去毛炮之鄭知去毛者牂豚之毛於牲無用空以汙損牲體故知凡炮者皆去毛也云以備八珍者彼內則八珍之中有炮豚此炮豚與彼同故知此炮豚以備足八珍也鄭司農云封人主歌舞其牲云搏碩肥腯者此左氏桓公傳隨季良之辭彼云奉牲以告曰博碩肥腯引之者證封人歌舞牲時有此辭也

凡喪紀賓客軍旅大盟則飾其牛牲大盟會同之盟

疏凡喪至牛牲○釋曰言凡凡此下四事王之喪紀有牲者除朝夕奠用脯醢以外大小斂朔月月半薦新奠祖奠大遣等皆有牲牢賓客有殺牲之者唯據致飱及饔餼饗食皆有殺牲之事軍旅殺牲者謂饗獻軍吏大盟謂天子親往臨盟此一經皆用牛牲故摠云飾其牛牲也○注大盟會同之盟○釋曰案覲禮及司儀諸侯時見曰會殷見曰同王皆爲壇于國外行盟誓之法故鄭依而言焉

鼓人掌教六鼓四金之音聲以節聲樂以和軍旅以正田役音聲五聲合和者疏鼓人至田役○釋曰言掌教者必教他官案眡瞭職發首○云掌凡樂事播鼗擊頌磬笙磬下又云掌大師之縣鼗愷獻亦如之雖不云擊鼓上下文參之其五鼓是眡瞭擊之則此所教者當教眡瞭也其晉鼓當教鎛師故其職云掌金奏之鼓此下文云以晉鼓鼓金奏故彼鄭注云主擊晉鼓是也又云六鼓四金之音聲者六鼓四金與音聲和合故連言音聲也云以節聲樂者下云雷鼓靈鼓路鼓晉鼓皆是也以和軍旅者下云以鼖鼓鼓軍事是也云以正田役者下云以鼛鼓鼓役事是也田獵所以習戰則田鼓當與軍事同案大司馬云王執路鼓諸侯執賁鼓軍將執晉鼓之等是也此一經是與下文揔目之語也○注音聲五聲合和者○釋曰案禮記學記云鼓無當於五聲五聲不得不和則五聲須鼓乃和故鄭云五聲合和者鄭不解音者單出曰聲和比曰音音聲相將之物故釋五聲則含得音故不重云音也

教爲鼓而辨其聲用教爲鼓教擊鼓者大小之數又別其聲所用之事○別彼列反疏注教爲至之事○釋曰鄭云教爲鼓教擊鼓者大小

之數者則雷鼓八面之等云而辨其聲用鄭云又別其聲 **以**
所用之事則下文雷鼓及四金聲之所用各不同是也
雷鼓鼓神祀 雷鼓八面鼓也神祀祀天神也〔疏〕以雷至神祀○釋曰天神稱祀地祇稱祭
宗廟稱享案下靈鼓鼓社祭又案大司樂以靈鼓祭澤中之
方丘大地祇與社同鼓則但是地祇無問大小皆用靈鼓則
此雷鼓鼓神祀但是天神皆用雷鼓也○注雷鼓至神也○
釋曰鄭知雷鼓八面者雖無正文案鞾人爲皐陶有晉鼓鼖
鼓皐鼓三者非祭祀之鼓皆兩面則路鼓祭宗廟宜四面靈
鼓祭地祇尊於宗廟宜六面雷鼓祀天神又尊於地祇宜八
面故知
義然也 **以靈鼓鼓社祭** 靈鼓六面鼓也社祭祭地祇也〔疏〕以靈鼓鼓社祭○釋
曰郊特牲云社祭土神地之道則孝經緯云社是五土之捴
神是地之次祀故舉社以表地祇大宗伯亦云血祭祭社稷
五祀亦舉社以表地祇其實
地之大小之祭皆用靈鼓也 **以路鼓鼓鬼享** 路鼓四面鼓也鬼享
享宗廟也○享許丈反
劉虛讓反牛人職同〔疏〕以路鼓鼓鬼享○釋曰案大宗伯宗廟有六享則禘祫鼓四時
皆言享先王則皆是大祭縱有享先公爲次祀祭殤
爲小祀皆用此路鼓以其天神地祇大小同鼓故也 **以鼖**

鼓鼖軍事 大鼖謂之鼖鼖鼓長八尺。鼖扶云反 疏 以鼖鼓鼓軍事。釋曰案大司馬云春執鼓鐸王執路鼓諸侯執鼖鼓軍將執晉鼓鄭注云王不執鼖鼓尚之於諸侯門社軍以鼖爲正無妨兼有路鼓晉鼓之等也。注大鼓至八尺。釋曰云大鼓謂之鼖是訓鼖爲大此雅兩面而已而稱大者此不對路鼓已上以其長八尺直對晉鼓六尺六寸者爲大耳鼖鼓長八尺韗人文

以鼛鼓鼓役事 鼛鼓長丈二尺。鼛音羔 疏 以鼛鼓鼓役事。釋曰案緜詩云鼛鼓弗勝鄭云鼛彼不能止之此云鼓役事謂擊鼓起役事與彼不同者但起役止役皆用鼛鼓兩處義得相兼耳。注鼛鼓長丈二尺。釋曰丈二尺韗人文此既丈二尺大於鼖鼓不得大名但鼖鼓長八尺尚對晉鼓爲鼖明鼛鼓亦大可知不可同名爲鼖故別以鼛鼓爲號也

以晉鼓鼓金奏 晉鼓長六尺六寸金奏謂樂作擊編鍾。編必先反 疏 以晉鼓鼓金奏。釋曰凡作樂則先擊鍾故鍾師以鍾鼓奏九夏鄭云先擊鍾次擊鼓金則鍾也奏則擊也則是擊鍾後即擊鼓故云晉鼓鼓金奏。注晉鼓至編鍾。釋曰晉鼓長六尺六寸亦韗人文云金奏謂樂作擊編鍾者案磬師云擊編鍾鄭注云磬亦編於鍾言之者鍾有不

編不編者鍾師擊之若然則磬師擊編鍾鍾師擊不編鍾又案鎛師云掌金奏之鼓鄭注云主擊晉鼓則此晉鼓和金奏但鍾之編與不編作之皆是金奏晉鼓皆和之矣鄭雅言編鍾據磬師而言其實不編者亦以晉鼓和之故鍾師云以鍾鼓奏九夏鄭云先擊鍾次擊鼓是不編之鍾亦有鼓鼓即晉鼓也

以金錞和鼓

錞錞于也圜如碓頭大上小下樂作鳴之與鼓相和○錞音淳碓音對本又作椎直追反

疏 以金錞和鼓○釋曰謂作樂之時以此金錞和於鼓節也○注錞錞至相和○釋曰錞錞于也者錞于之名出于漢之大予樂官弁云其形圜如碓頭大上小下並出彼文而知之。又云樂作鳴之與鼓相和此鄭以意解之案下三金皆大司馬在軍所用有文此金錞不見在軍所用明作樂之時與鼓相和故云和鼓也

以金鐲節鼓

鐲鉦也形如小鍾軍行鳴之以爲鼓節司馬職曰軍行鳴鐲○鐲直角反鉦音征

疏 以金至節鼓○釋曰此謂在軍之時所用節鼓與鼓爲節也○注鐲鉦至鳴鐲○釋曰鄭云鐲征也者案詩有鉦人伐鼓就而解之彼注鉦以靜之此解以爲軍行所用不同者義亦一也以其動靜俱用故也云形如小鍾者亦據漢法而言也云軍行鳴之以爲鼓節此依大司馬文而釋故引彼文云軍行鳴鐲對

上金錞作樂爲節案彼是公司馬所執也

以金鐃止鼓 鐃如鈴無舌有秉執而鳴之以止擊鼓司馬職曰鳴鐃且卻○鐃女交反秉兵政反本又作柄下同卻起略反

〔疏〕以金鐃止鼓○釋曰此案春秋左氏傳曹劌云一鼓作氣再而衰三而竭哀公傳陳書曰吾聞鼓而已不聞金矣是進軍之時擊鼓退軍之時鳴鐃○注鐃如至且卻○釋曰云鐃如鈴無舌者亦約漢法而知也云有秉執而鳴之者案大司馬云卒長執鐃故知執而鳴之也又引司馬職鳴鐃且卻者欲見軍卻退時鳴之是止鼓時所用也

以金鐸通鼓 鐸大鈴也振之以通鼓司馬職曰司馬振鐸○鐸待洛反鈴音零

〔疏〕以金鐸通鼓○釋曰此是金鈴金舌故曰金鐸在軍所振對金鈴木舌者爲木鐸施令時所振言通鼓者兩司馬振鐸軍將已下即擊鼓故云通鼓也○注鐸大至振鐸○釋曰鐸大鈴亦約漢法知之引司馬職者案彼兩司馬執鐸所引司馬振鐸即兩司馬也

凡祭祀百物之神鼓兵舞帗舞者 兵謂干戚也帗列五采繒爲之有秉皆舞者所執○帗音[illegible]劉音弗

〔疏〕凡祭至舞者○釋曰上文神祀社祭鬼享文局不及小神故此更廣見小神之事故云凡祭祀百物之神也云鼓兵舞帗

舞者天地之小神所舞不過此兵舞帗舞二事案下舞師山川用兵舞社稷用帗舞今此小神等若義近山川者舞兵舞義近社稷者舞帗舞故六舞之中唯言此二舞而已○注兵謂至所執○釋曰兵謂干戚也者案司馬云祭祀授舞者兵鄭亦云授以朱干玉戚必知兵舞是干戚者見禮記樂記云干戚之舞非備樂祭統又云朱干玉戚並是大武之舞是知兵舞干戚也又知帗舞舞列五采繒爲之有秉者案樂師注帗五采繒今靈星舞子持之是舉今以曉古故知之也　凡軍旅夜鼓鼜　鼜夜戒守鼓也司馬法曰昏鼓四通爲大鼜夜半三通爲晨戒旦明五通爲發昫○鼜千歷反昫本又作胸亦作煦休具反劉休武反或況家反　【疏】凡軍旅夜鼓鼜○釋曰言在軍警戒急在於夜故軍旅於夜鼓其鼜鼓以警衆也○注鼜夜至發昫○釋曰鼜者聲同憂戚取軍中憂懼之意故名戒守鼓爲鼜也引司馬法曰昏鼓四通爲大鼜者欲取從初夜即爲警戒之意故擊鼓四通使大憂戚也云夜半三通爲晨戒者警衆豫使嚴備侵早當行云旦明五通爲發昫者旦明五通晨昫之時當發故云發昫也　軍動則鼓其衆　動　旦　【疏】軍動則鼓其衆○釋曰尋常在道欲行之時所擊行之鼓則上注五通發昫是也今別言軍動則據將

臨陳之時軍旅始動則擊鼓以作士衆之氣故曹劌云一鼓作氣鄭云動動且行謂行前向陳時也**田役亦如之**〔疏〕釋曰田獵圍合之時必擊鼓象對敵故大司馬職云鼓遂圍禁是也**救日月則詔王鼓**救日月食王必親擊鼓者聲大異春秋傳曰非日月之眚不鼓○眚生領反〔疏〕救日至王鼓○釋曰謂日月食時鼓人詔告于王擊鼓聲大異以救之案大僕職云軍旅田役贊王鼓鄭注云佐擊其餘面又云救日月食亦如之大僕亦佐擊其餘面鄭既云佐擊其餘面則非只兩面之鼓案上解祭日月與天神同用雷鼓則此救日月亦宜用雷鼓八面故大僕與戎右俱云贊王鼓得佐擊餘面也案莊二十五年左氏傳夏六月辛未朔日有食之鼓用牲于社非常也惟正月之朔慝未作日有食之於是乎用幣于社伐鼓于朝若然此救日食用鼓惟據夏四月陰氣未作純陽用事日又太陽之精於正陽之月被食爲災故有救日食之法也月似無救理尚書胤征季秋九月日食救之者上代之禮不與周同諸侯用幣于社伐鼓于朝退自攻責若天子法則伐鼓于社昭十七年昭子曰日食天子伐鼓于社是也○注救日至不鼓○釋曰救日月食王必親擊鼓者聲大異者但日月食始見其微兆未有災驗故云異也引春秋傳

者亦莊二十五年傳辭彼傳云秋大水鼓用牲于社于門亦非常也凡天災有幣無牲非日月之眚不鼓識其爲大水用鼓引之證其日月得有用鼓法春秋不記救月食者但日食是陰侵陽臣侵君之象故記之月食是陽侵陰君侵臣之象非逆事故略不記之也

大喪則詔大僕鼓始崩及窆時也〔疏〕注始崩及窆時也○釋曰案大僕職云大喪始崩戒鼓傳達于四方窆亦如之是鄭所據也

舞師掌教兵舞帥而舞山川之祭祀教帗舞帥而舞社稷之祭祀教羽舞帥而舞四方之祭祀教皇舞帥而舞旱暵之事羽析白羽爲之形如帗也四方之祭祀謂四望也旱暵之事謂雩也暵熱氣也鄭司農云皇舞蒙羽舞書或爲翌或爲義玄謂皇析五采羽爲之亦如帗○暵呼但反翌音皇〔疏〕舞師至之事○釋曰云掌教兵舞謂教野人使知之國有祭山川則舞師還帥領往舞山川之祀已下皆然案春官樂師有六舞并有旄舞施于辟廱人舞施于宗廟此無此二者但卑者之子不得舞宗廟之酎

祭祀之舞亦不得用毕者之子彼樂師教國子故有二者此教野人故無旄舞人舞○注羽析至如帗○釋曰但羽舞用白羽帗舞用五色繒用物雖異皆有柄其制相類故云形如帗也云四方之祭祀謂四望也知者若以四方連百物則四方不止四望今單云四方四望五岳四瀆亦布在四方故知四方即四望也云旱暵之事謂雩也者春秋所云雩者皆釋旱又祭法云雩禜祭水旱故知旱暵謂雩祭也云暵熱氣也者以其旱時多熱氣又此暵字以日爲形以漢爲聲省故知暵熱氣也鄭司農云皇舞蒙羽舞者先鄭之意蓋見禮記王制有虞氏皇而祭皇是冕爲首服故以此皇爲鳳皇羽蒙于首故云蒙羽舞自古未見蒙羽于首故後鄭不從之矣云書或爲翌或爲義者禮本不同故或爲翌或爲義皆不從之矣玄謂皇析五采羽爲之亦如帗者鍾氏染鳥羽象翟鳥鳳皇之羽皆五采此舞者所執亦以威儀爲飾言皇是鳳皇之字明其羽亦五采其制亦如帗舞若然帗舞羽舞皇舞形制皆同也

凡野舞則皆教之

野舞謂野人欲學舞者

〔疏〕凡野至教之○釋曰案序官舞徒四十八其數有限今云皆教之者數雖四十餘者有能學皆教之以待其闕耳

凡小祭祀則不興舞

小祭祀王玄冕所祭者興猶作

也〔疏〕注小祭至祭者○釋曰案上文云凡祭祀百物之神鼓兵舞帗舞又案司服云羣小祀則玄冕注云羣小祀林澤墳衍四方百物之屬如是則小祭祀有兵舞帗舞而云不興舞者小祭祀雖同玄冕若外神林澤之等則有舞若宮中七舞之等則無舞此文是也

附釋音周禮注疏卷第十二

武寧盧氏宣旬校字

大清嘉慶二十年用文選樓藏本校

知南昌府張敦仁署鄱陽縣候補知州周澍栞

周禮注疏卷十二挍勘記　阮元撰盧宣旬摘錄

附釋音周禮注疏卷第十二

鄉大夫

若今癃不可事者　宋本余本嘉靖本毛本同閩監本癃作廢當由臆改

案韓詩外傳　盧文弨曰外衍字

敬所舉賢者能者　嘉靖本敬作賓非惠挍本亦一作賓云余本仍作敬

以禮賢者能者賓客之舉　閩本同此本舉字剜擠蓋本作賓客之無舉字監毛本改作賓客舉之非

其身有道藝　惠挍本上有以字此脫

故書舞為無　九經古義云古無武同音又武舞通禮器詔侑武方注云武當為無聲之誤也論語射不

主皮馬融注用此文作五曰興武漢武梁祠堂畫象秦武陽令史記作秦舞陽

必知容得爲孝者　閩監毛本知誤和

射則是男子之事　惠挍本無則此衍

鄉大夫士射先行鄉飲酒之禮　此鄉大夫當作卿大夫

則令六鄉之吏州長之官　惠挍本作州長已下此誤

各憲之於其所治之國　閩本毛本同宋本岳本嘉靖本無之字國字下屬與賈疏合余本衍之字監本刊落之字而誤併去國字石經考文提要無之字云從宋附釋音本周禮句解唐石經於其所下損闕三字以字數計之當有之字

知大詢詢國危　閩監毛本知誤如

一曰詢國危已安庶民云國大詢于衆庶而致於朝宋本

作一日論國危已下此亦云國大詢于衆庶而致於朝閩監毛本已改以於朝改于朝非唐石經已作於朝

州長

教謂十二教之外所施政令皆治之 閩本同監毛本教云治政令之法者謂十二教共十二字當由臆增○按監毛本是他本誤也賈意於經教字一逗然黨正云政令教治則賈讀非也

唯有歲之二時春秋耳 惠挍本作唯謂此誤

此知序州黨學者 浦鏜云此知字疑誤倒

則帥而致之 唐石經諸本同余本致作置誤

黨正

一年七度讀法者 閩監毛本七誤十

鄭知祭謂雩禜水旱之神者　惠挍本祭下有禜此脫

壹命齒于鄉里　唐石經余本岳本嘉靖本同閩監毛本壹作一非

字

見孝悌之道也　閩監毛本同宋本岳本嘉靖本悌作弟案釋文及賈疏引注皆作孝弟加心旁者俗

比鄉民雖爲卿大夫　余本閩本同宋本嘉靖本比作此監本作此鄉民雖爲鄉大夫毛本作此鄉民雖爲鄉大夫案賈疏引注作此鄉民雖爲卿大夫作比及鄉大夫者誤也

民內有爲一命已上　惠挍本一作壹此非下並同

禮年六十巳上　惠挍本同閩監毛本巳作以非下文有一命巳上觀禮同

以其一命　毛本一字空缺惠挍本作壹

年幾必小於卿大夫等　案幾疑歲之誤○按年幾即今俗語云年計唐人語已如此

掌其戒禁　唐石經諸本同岳本毛本戒禁誤倒

上州之祭祀大喪義異　浦鏜云上疑與字誤

州長又致與卿大夫　閩監毛本作鄉大夫此誤下同

以歲時涖校比　唐石經諸本同毛本校改挍注及下同五經文字手部云挍經典及釋文或以爲比挍字字書無文○按以夏官校人注律之則經當作校注當作挍

辨其貴賤老幼廢疾可任者　宋本岳本作癈疾

族師　宋本同禮疏卷第十三

釋曰云各掌其族之戒令政事　惠挍本下有者此脫

各自受法于上　毛本于作如如蓋於之訛

黨正直書德行道藝具言　浦鏜云直疑所字誤

則月與上政字連　毛本字誤事

且族師親民讀法宜數　惠挍本且作但此誤

則與黨正同　按黨正字乃州長之誤

則未知此世所云蝝螟之酺與　監本未誤不毛本蝝誤蟓

亦爲水旱與物爲烖害　惠挍本物上有人此脫

直以疑之今此爲正　閩本正作酺餘與此同監毛本改正作直以此經今文爲正

云則未知此世所爲蝝螟之酺與　惠挍本爲作云此誤

癈疾謂癈於人事疾病　閩監毛本癈皆改廢○按賈云癈疾謂廢於人事疾病是賈本作癈字乃賈之誤耳說文云癈固病也

則可任也者　閩本同監毛本改作者也

以相葬埋　唐石經諸本同釋文埋本或作貍案經當用貍字此淺人以俗字改之

門内尚否　惠挍本同閩監毛本改作尚寬非

故鄭云亦因爲卒長也　惠挍本云作言

閭胥

以勑戒之　嘉靖本監本毛本同宋本勑作勅閩本作勅

故書旣爲暨　漢讀考作故書暨爲旣下作杜子春讀旣爲暨經旣比作暨比今本係以注改經又以經改注誤甚○按注以及訓暨則段玉裁是旣不訓及

以犢罰在之上　宋本同疑犢當衍閩監毛本增作犢撻罰

故從經爲正者也　宋本無者此衍

比長

民有餍猒於本居之處 閩監毛本猒改厭○按所改非也以字義則猒飽猒倦是一字惟猒飽斯猒倦也與厭字義各殊

郤釋經徙于國中之文也 閩本同監毛本郤誤欲○按當作郤俗作却經文先國中後郊注則先郊後國中故云却

則呵問 葉鈔釋文作則荷嘉靖本呵字剜改盖本作荷

閔於出之 諸本同言所憐閔在於出獄也浦鏜據疏語改作閔念非

但獄斷獄之法 閩本同監本剜刊上斷字毛本無上獄字

封人

是封乎諸侯立社稷之法也 宋本無乎此衍

共其水槀 唐石經宋本同宋本葉音義及葉鈔釋文皆作槀下從木岳本嘉靖本閩監毛本及通志堂釋文作

稾下從禾注及疏準此

飾謂刷治潔清之也 嘉靖本潔作絜○按此古飾字正解說文云飾㕞也㕞飾也今人多昧於此義

凡祭至水稾 閩監毛本稾改稾下並同

榼者相榼迫之義 案榼迫當爲逼迫

漢時有置于犬之上謂之㨾 漢制考此句下有音加二小字當亦賈疏本文閩本剜改以之作之以監毛本從之非也案爲字疑衍

故舉以之爲況衡者也

賓客有殺牲之者 浦鏜云之當衍字

鼓人

筴眠瞭職發首云 宋本首作言

下云以鼖鼓鼓役事是也　惠挍本作鼖鼓此誤

則田鼓當與軍事同　宋本同閩本剜改事作士監毛本承之

和比曰音　閩監毛本作雜比

以雷鼓鼓神祀　唐石經諸本同余本上作鼓下作鼓非下同○按宋八鐘鼓作鼓鼓擊作鼓誤認說文文部之鼓切之鼓爲擊鼓妄改經典駮爲紕繆

則禘祫鼓四時　浦鏜云及誤鼓據儀禮通解續挍

門社軍以鼖爲正　惠挍本門社作則在此誤

以鼛鼓鼓役事　說文鼓部鼛字下引周禮作臯鼓

謂樂作擊編鍾　葉鈔釋文作編鐘

釋曰凡作樂則先擊鍾　監本釋誤鄭惠挍本則作皆此誤

並出彼文而知之　惠校本及漢制考下有也此脫

無舌有秉　釋文秉本亦作柄案秉古柄字

帗五采繒　惠挍本帗下有析此脫

昏鼓四通爲大鼜　說文壴部云鼜夜戒守鼓也从壴蚤聲禮昏鼓四通爲大鼓夜半三通爲戒晨旦明五通爲發明讀若戚案此注云鼜夜戒守鼓也同許說說文壴鼓異部鼜字從壴蚤聲今禮經注釋文皆從鼓作鼜訛戒晨今注作晨戒誤倒當從此所引大鼓爲大鼜之誤發明爲發眗之誤當從禮注挍正

動旦行　余本嘉靖本閩監毛本同宋本岳本旦作且賈疏亦作且字案上夜鼓鼜注云旦明五通爲發眗故此以軍動爲旦行也動卽行而云旦行恐誤

鄭云動且行　閩監毛本同惠挍本且作旦

則非只兩面之鼓　惠挍本同閩監毛本只改止

聲大異者　惠挍本作聲大異言聲大異者此脫

舞師　閩監毛本師誤帥

𡗗舞蒙羽舞書或爲䍿　漢讀考作䍿舞蒙羽舞書或爲𡗗

不得舞宗廟之酎　毛本舞誤武監本宗字空缺閩本酎字實缺是也

以漢爲聲者　宋本作聲省此誤

皇舞象羽舞者　惠挍本象作蒙此誤

若宮中七舞之等則無舞　浦鏜云七祀誤七舞

周禮注疏卷十二挍勘記終

南昌袁泰開挍

附釋音周禮注疏卷第十三

鄭氏注　賈公彥疏

牧人掌牧六牲而阜蕃其物以其祭祀之牲牷六牲謂牛馬羊豕犬雞鄭司農云牷純也玄謂牷體完具。蕃音煩牷音全【疏】牧人至牲牷。釋曰云掌牧六牲而阜蕃其物者阜盛也蕃息也物謂毛物言使肥盛蕃息各有毛物謂五官各有牛人羊人犬人豕人之等擇取純毛物者以供牧人牧人又供與充人芻之三月以祭祀故云以其祭祀之牲牷也。注六牲至完具。釋曰案爾雅所釋六畜有馬牛羊豕犬雞故鄭依而釋之案膳夫供六牲鄭注云始養之曰畜將用之曰牲則此云牲亦據將用爲言也司農云牷純也後鄭不從者尚書云犧牷對犧不得爲純色其純下文毛之者是也故玄易之云牷體完具也

凡陽祀用騂牲毛之陰祀用黝牲毛之望祀各以其方之色牲毛之騂牲赤色毛之取純毛也陰祀祭地北郊及社稷也望祀五嶽

四鎮四瀆也鄭司農云陽祀春夏也黝讀爲幽幽黑也玄謂陽祀祭天於南郊及宗廟○黝於糾反司農音幽

〔疏〕凡陽至毛之○釋曰言凡與下陽祀陰祀望祀等爲目故云凡以廣之也○注騂牲至宗廟○釋曰騂牲知是赤色者見明堂位周人騂剛檀弓云周人牲用騂周尚赤而云用騂故知騂是赤也云毛之取純毛也者對下文云尨是雜色則此經云毛之者皆是取純毛也云陰祀祭地北郊及社稷也并陽祀祭天於南郊及宗廟者但天神與宗廟爲陽地與社稷爲陰案大宗伯云蒼璧禮天黃琮禮地謂圜丘方澤下云牲幣各放其器之色則昊天與崐崘牲用蒼用黃四時迎五方天帝又各依其方色牲則非此騂牲黝牲惟有郊天及宗廟社稷一等不見牲色在此陽祀陰祀之中可知案郊特牲云郊之祭也大報天而主日兆於南郊就陽位也牲用騂是南郊用騂也檀弓云殷尚白周尚赤是祭宗廟時赤也據此而言則用騂祭天於南郊及宗廟用騂也郊特牲云社祭土而主陰氣也是社稱陰孝經緯鉤命決云祭地于北郊就陰位彼對郊天就陽位則是神州之神在北郊而稱陰以是知陰祀中有祭地于北郊及社稷也不從先鄭陽祀春夏者周祭宗廟四時同用騂夏至祭地方澤牲用黃春夏迎氣牲各隨方之色明不得同用騂故不從也又知望祀是四望者以其言望與

四望義同故知是四望五嶽等也云黝讀爲幽幽黑也者以其幽是北方故從幽爲黑也後鄭先解陰祀後釋陽祀者陽祀待先鄭釋訖隨後破之故也

凡時祀之牲必用牷物

時祀四時所常祀謂山川以下至四方百物

〔疏〕凡時至牷物○釋曰時言凡者山川已下非一故亦言凡以廣之也必用牷物者對上方色是隨其方色下用尨尨是雜色則此牷物者非方非雜雖不得隨方之色要於一身之上其物色須純其體須完不得雜也假令東方或純黃純黑南方或純白純青皆得也○注時祀至百物○釋曰知時祀是山川以下至四方百物者案司服山川羣小祀林澤四方百物在四望下此上文云天地四望此時祀又在四望下又四方山川之等亦依四時而祀故知時祀是山川至百物鄭唯據地之時祀若天之時祀日月已下亦在此時祀中也

凡外祭毀事用尨可也

外祭謂表貉及王行所過山川用事者故書毀爲甈尨作龍杜子春云甈當爲毀龍當爲尨尨謂雜色不純毀謂副辜侯禳毀除殃咎之屬○尨亡江反貉莫霸反甈上劌反副普逼反辜音孤禳如羊反

〔疏〕凡外至可也○釋曰外祭毀事其神非一故云凡凡以廣之也○注外祭至之屬○釋曰知外祭中有表貉者據

上文外神之中巳云天地至四方百物依時而祭者巳盡此別言外祭則外祭中雖有表貉之等案大司馬田獵之時立表而貉祭司几筵亦云貉川熊席又知外祭中有王行所過山川用事者案校人云凡將事于四海山川則飾黃駒大祝云大會同過大山川則用事焉亦是非常外祭之事若然此云尨校人用黃駒者從地色黃亦據尨中有黃色者用之不必純注云毀謂副辜候禳毀除殃咎之屬者此文承子春之下不言玄謂當是子春所解也案宗伯云疈辜祭四方百物而引九門磔禳又案小祝職云將事侯禳皆是禱祈除殃咎非常之祭用尨之類故引以爲證也

凡祭祀共其犧牲以授充人繫之犧牲毛羽完具也授充人者當殊養之周景王時賓起見雄雞自斷其尾曰雞憚其爲犧○憚特旦反

疏凡祭至繫之○釋曰牧人養牲臨祭前三月授與充人繫養之故云凡祭祀共其犧牲以授充人繫之○注犧牲至爲犧○釋曰云犧牲毛羽完具也者云犧牲不云牷則惟據純毛者而鄭云完具者祭祀之牲若直牷未必純犧若犧則兼牷可知故鄭以完具釋犧云授充人者當殊養之者牧人之牲未用祭者揔在一處不殊今將以祭者則殊別繫養之云周景王時者此春秋左氏傳昭二十二年王子朝賓起

有寵於景王王與賓孟說之欲立之叉云賓孟適郊見雄雞自斷其尾問之侍者曰自憚其犧也遽歸告王且曰雞其憚爲人用乎人異於是注犧者以喻人之有純德實宜爲君彼直云自憚其犧不云雞鄭以義增之耳引之者證犧是純色之意

凡牲不繫者共奉之 謂非時而祭祀者〔疏〕注謂非至祀者○釋曰云不繫者謂若上文凡外祭毀事用尨可也是非時而祭祀者也

牛人掌養國之公牛以待國之政令 公猶官也〔疏〕牛人至政令○釋曰云掌養國之公牛以待國之政令者政令則諸侯所須牛及牧人之事則供送之也○注公猶官也釋曰訓公爲官者恐有公君之嫌但王家之牛若公廨之牛故須訓公爲官是官牛也

凡祭祀共其享牛求牛以授職人而芻之 鄭司農云享牛前祭一日之牛也求牛禱於鬼神祈求福之牛也玄謂享獻也獻神之牛謂所以祭者也求終也終事之牛謂所以繹者也宗廟有繹者孝子求神非一處職讀爲樴樴謂之杙可以繫牛樴人者謂牧人充人與芻牲之芻牛人擇於公牛之中而以授養之○

職戚音特或餘式反劉之式反注樴同〔疏〕凡祭至芻之○
繹音亦徐音夕杙餘式反劉餘則反釋曰云凡祭祀
者祭祀非一故亦言凡以廣之云享牛者謂正祭之牛云求
牛者謂繹祭之牛云以授職人而芻之者謂授充人繫養者
也○注鄭司至養之○釋曰先鄭云享牛前祭一日之牛也
者若以此爲祭前一日夕牲時而言仍是正祭牛則不應以
正祭而云前祭一日若不據祭祀以爲齊時所食齊則十日
不應惟止一日而已其言無據故後鄭不從也云求牛禱於
鬼神祈求福之牛也者案上文凡牲不繫者共奉之謂非時
而祭則不繫之此經授職人繫之明非禱祈非時祭者故後鄭
亦不從也玄謂享獻也獻神之牛謂所以祭者也者以其一宗
伯祭宗廟六者皆云享則享是正祭可知破先鄭爲前祭一
日之牛也云求終也終事之牛謂所以繹者也者今日正祭
于廟明日繹祭在門外之西室故鄭云孝子求神非一處以
解求牛爲繹祭之牛也故郊特牲云祭于祊尚曰求諸遠者
與是名繹祭爲求也云職讀爲樴者凡官皆有職直云職人
無所指斥但職樴聲相近誤爲職故讀從樴充人置樴入地
之時樴樴然作聲故以聲名其官也云樴謂之杙者爾雅釋
宮文郭注云橜也云樴人者謂牧人充人與者與疑辭疑之
者凡牲牷祭祀者則牛人選入牧人臨祭之前牧人乃授充

人充人乃繫養之今若即以織人爲充人則隔牧人故連牧
人而言之明先至牧人乃至充人經據後而言之耳云牛人
擇於公牛之中而以授養之者鄭直言養
之者則養者之中還兼有牧人充人也 **凡賓客之事**
共其牢禮積膳之牛 牢禮飧饔也積所以給賓客之
用若司儀職曰主國五積者也
膳所以間禮賓客若掌客云殷膳 【疏】凡賓至之牛○釋曰
太牢○積子賜反注同飧音孫 言凡賓客者謂五等
諸侯來朝兼有臣來聘皆共牢積禮膳之牛也○注牢禮至
太牢○釋曰鄭知牢禮飧饔者此一經皆謂致與賓客者下
云饗食是速賓之禮也案大行人掌客皆云上公飧五牢饔
餼九牢五積侯伯飧四牢饔餼七牢四積子男飧三牢饔餼
五牢三積積之多少各視飧牢其膳則五等諸侯皆大牢故
云牢禮飧饔也云積所以給賓客之用者謂行道之用遺人
所云者是也又引司徒職曰王國五積者據上公而言也云
膳所以間禮賓客者謂賓客未去之間致禮也又引掌客云
殷膳大牢彼注云殷中也中 **饗食賓射共其膳羞**
間未去即是間禮賓客也
之牛 羞進也所進賓之膳燕禮小臣請執冪者與羞膳者
至獻賓而膳宰設折俎王之膳羞亦猶此○食音嗣

下文同冪民狄反折之設反〔疏〕饗食至之牛○釋曰饗者亨大牢以飲賓獻依命數食者亦亨大牢以食食禮九舉七舉五舉亦依命數無酒獻酬耳皆在於廟以速賓射者謂大射及與賓客射于朝天子諸侯射先行燕禮皆有殽俎故有牛也云共其膳羞之牛者謂獻賓時宰夫所進俎是也○注羞進至猶此○釋曰引燕禮小臣請執冪者與羞膳者至獻賓而膳宰設折俎者案燕禮立賓後公卿大夫升就席小臣阼階下北面請執冪者與羞膳者注云執冪者執瓦大之冪也方圜壺無冪羞膳者羞於公謂庶羞云至主人獻賓賓西階上拜筵前受爵反位主人賓右拜送爵膳宰薦脯醢賓升筵膳宰設折俎此王與賓饗及賓射設俎時節及設人無文故云王之膳羞亦猶此也若然饗食有牛俎至於射禮天子諸侯皆先行燕禮其牲猶得有牛者但天子諸侯雖用燕禮直取一獻之禮未旅而行射節其用牲則左傳云公當饗雖然燕禮亦用牛與饗同若然云膳羞則庶羞也不言正俎之牛者據庶羞而言其實兼正俎矣**軍事**

共其槁牛○鄭司農云槁師之牛槁苦報反注同〔疏〕軍事共其槁牛○釋曰謂將帥在軍枯槁之賜牛謂之槁牛也○注鄭司至之牛○釋曰案左氏傳僖公三十三年秦師襲鄭鄭商人弦高將市於周遇之以

乘韋先牛十二犒師雖非已之軍師亦是犒師之牛故引以爲證也

喪事共其奠牛謂殷奠遣奠也喪所薦饋曰奠○遣棄戰反〔疏〕注謂殷奠遣奠也○釋曰喪中自未葬已前無尸飲食直奠停置于神前故謂之爲奠朝夕之奠無尊卑皆脯醢酒而已無牲體殷大也唯有小斂大斂朔月月半薦新祖奠及遣奠時有牲體大遣奠非直牛亦有馬牲耳故鄭云謂殷奠遣奠也鄭云喪所薦饋曰奠以無尸故也

凡會同軍旅行役共其兵車之牛與其牽徬以載公任器牽徬在轅外輓牛也人御之居其前曰牽居其旁曰徬任猶用也○徬薄浪反注同〔疏〕凡會至任器○釋曰會同軍旅兼言行役謂王行巡守皆六軍從也云共其兵車之牛者但兵車駕四馬之外別有兩轅駕牛以載任器者亦謂之爲兵車故云兵車之牛也○注牽徬至用也○釋曰云牽徬在轅外輓牛也者上云兵車之牛據在轅內者別言與其牽徬故云在轅外輓牛也若然轅外在前者曰牽在旁者曰徬故鄭覆云人御之居其前曰牽居其旁曰徬言人御之者以其在轅外將御爲難故特言人御之也云任猶用也者謂在軍所須之器物皆是也

凡祭祀共其

其牛牲之互與其盆簝以待事鄭司農云互謂楅衡之屬盆簝皆器名盆所以盛血簝受肉籠也玄謂互若今屠家縣肉格○互劉音護徐音牙簝音尞劉魯討反盛音成縣音玄〔疏〕注鄭司至肉格○釋曰先鄭上文福衡共爲一物後鄭已不從合以互與楅衡共一彌不可玄謂互若今屠家縣肉格其義可知但祭祀殺訖即有薦爛薦孰何得更以肉縣于互乎然當是始殺解體未薦之時且縣於互待解訖乃薦之故得有互以縣肉也故詩云或剝或亨或肆或將注云肆陳也謂陳於互者也

充人掌繫祭祀之牲牷祀五帝則繫于牢芻之三月牢閑也必有閑者防禽獸觸齧養牛羊曰芻三月一時節氣成〔疏〕充人至三月○釋曰云充人掌繫祭祀之牲牷者但祭祀之牲皆體牷具故以牷言之也云祀五帝者上云掌繫祭祀之牲牷則捴養天地宗廟之牲下別言祀五帝則略舉五帝而已其實昊天及地祇與四望社稷之等外神皆繫之也○注牢閑至氣成○釋曰云牢閑也者校人養馬謂之閑此養牛羊謂之爲牢言閑見其閑衞言牢是其牢固所從言之異其實一物也云必有閑者防禽

獸觸齧齧者案春秋有郊牛之口傷鼷鼠食其角自外恐更有禽
獸觸齧故鄭揔云爲云養牛羊曰芻者此經云繫于牢芻之
惟據牛羊若犬豕則曰豢又不繫之矣云三月一時節氣成
者釋必以三月之意案宣三年公羊云帝牲在于滌三月何
休云滌宫名養帝牲三牢之處也三牢者各主一
月取三月一時足以充天牲是其三月之義也

享先王亦如之〔疏〕享先王亦如之○釋曰上經天地外神巳別
于上故今以先王亦如之亦繫于牢芻之三
月也

凡散祭祀之牲繫于國門使養之散祭祀謂司
中司命山川
之屬國門謂城門司門之官鄭司農云使
養之使守門者養之○散素但反注同〔疏〕凡散至養之○
釋曰云散祭
之牲直言繫于國門使養之不言三月則或一旬之內而巳
不必三月也案楚昭王問于觀射父曰芻豢牲則不必三月其
諸侯祭祀養牲幾何對曰遠不過三月近不過浹日孔注云
遠牛羊豕近犬雞之屬則諸侯祭祀養牲亦得三月及旬則
天子亦有浹日之義若然此散祭祀亦可浹日而巳○注散
祭至養之○釋曰鄭知散祭祀謂司中司命山川之屬者見
上文陽祀陰祀望祀皆云毛之社稷四望巳入毛之科內下
別云凡時祀用牲物其中無社稷四望唯有天神司中司命

以上地神山川以下此散祭祀則上時祀之神也故知散祭祀是司中以下言之屬者其中兼有林澤百物之等也云國門謂城門司門之官者司門摠主王城十二門皆別有下士及府史胥徒令養牲者是十二門而云司門之官者摠官首而言之其實非司門自養則先鄭云使守門者養之是也

展牲則告牷 鄭司農云展具也具牲若今時選牲也充人主以牲牷告展牲者也玄謂展牲若今夕牲也特牲饋食之禮曰宗人視牲告充舉獸尾告備近之○近附近之近

疏 注鄭司至近之○釋曰先鄭以爲選牲時後鄭不從者若是選牲時應在牧人牧人選訖始付充人今既在繫養之下乃言展牲則告牷明非初選牲故不從玄謂展牲若今夕牲也者此舉漢法以況之又引特牲禮者以其天子禮亡故舉此爲案彼宗人視牲告充亦謂祭前之夕夕牲時云舉獸尾者士用兔腊言獸尾止謂兔也言近之者彼謂士禮引證天子法故云近之

碩牲則贄 贄助也君牽牲入將致之助持之也春秋傳曰故奉牲以告曰博碩肥腯○

疏 碩牲則贄○釋曰上經夕牲時此經據正祭時言碩牲者謂君牽牲入廟卿大夫贄幣而從皆云博碩肥腯此充人既是養牲之官當助持牛紖而牽之○注贄助至肥腯○釋曰鄭知有君牽牲者見祭義

云君牽牲穆荅君卿大夫序從天子亦當然又引春秋傳者此春秋左氏傳楚武王侵隨隨少師請追楚師季梁止之曰天方授楚楚之羸其誘我也臣聞小之能敵大也小道大淫又云今民餒而君逞欲祝史矯舉以祭臣不知其可也公曰吾牲牷肥腯粢盛豐備何則不信對曰夫民神之主也是以聖王先成民而後致力於神故奉牲以告曰博碩肥腯謂民力之普存。是其事也

地官司徒下

載師掌任土之灋以物地事授地職而待其政令任土者任其力勢所能生育且以制貢賦也物物色之以知其所宜之事而授農牧衡虞使職之

〔疏〕載師至政令。釋曰此經與下經爲目言任土之法者任謂任其力勢所能生育即下經云廛里任國中之地以下是也云以物地事者此文還於任其力勢而物色之知其種植所宜何種云授地職者旣知地勢所宜而授有職事於地者云而待其政令者謂因其職事使出賦貢即下經園廛二十而一以下是。注任土至職之。釋曰云任土者任其力勢所

能生育者力勢生育即下文物色是也云且以制貢賦也者地勢所能生育本以字民但百姓足君孰與不足故因民九職以制貢故云且以制貢賦也但地之所出唯貢而已口率出錢及軍法乃名賦鄭并言賦者以民有地貢即有錢賦及軍賦故鄭兼言賦也且禹貢地貢亦名賦故云。厥賦唯上上之等也云物物色之以知其所宜之事者此言出於孝經緯故孝經緯援神契云五岳藏神四瀆含靈五土出利以給天下黄白宜種禾黑墳宜種麥蒼赤宜種菽洿泉宜種稻所宜處多故鄭云之屬也但草人所云物地者據觀形色布種所宜故二處皆云物地也云而授農牧衡虞使職之者既物地知所宜須有職事案大宰職九職皆主營地以出貢山虞澤虞川衡林衡亦主地以出稅故知授地職中有此農牧衡虞之等但九職中略舉農牧二者案小司徒職云分地域而辨其守施其職彼守職文具故彼鄭注守謂衡虞職謂九職此經無守惟有地職故鄭以地職中兼見衡虞之守也

以廛里任國中之地以場圃任園地以宅田士田賈田任近郊之地以官田牛田賞田牧田任遠郊之地以公邑之

田任甸地以家邑之田任稍地以小都之田任縣地以大都之田任畺地故書廛或作壇郊或爲蒿稍或作削鄭司農云壇讀爲廛廛市中空地未有肆城中空地未有宅者民宅曰宅宅田者以備益多也士田者士大夫之子得而耕之田也賈田者吏爲縣官賣財與之田官田者公家之所耕田牛田者以養公家之牛賞田者賞賜之田牧田者牧六畜之田司馬法曰王國百里爲郊二百里爲州三百里爲野四百里爲縣五百里爲都杜子春云蒿讀爲郊五十里爲近郊百里爲遠郊玄謂廛里者若今云邑里居矣廛民居之區域也里居也圖樹果蓏之屬季秋於中爲場樊圃謂之園宅田致仕者之家所受田也士相見禮曰宅者在邦則曰市井之臣在野則曰草茅之臣士讀爲仕仕者亦受田所謂圭田也孟子曰自卿以下必有圭田圭田五十畮賈田在市賈人其家所受田也官田庶人在官者其家所受田也牛田牧田畜牧者之家所受田也公邑謂六遂餘地天子使大夫治之自此以外皆然二百里三百里其上大夫如州長四百里五百里其下大夫如縣正是以或謂二百里爲州四百里爲縣云遂人亦監焉家邑大夫之采地小都卿之采地大都公之采地

王子弟所食邑也畺五百里王畿界也皆言任者地之形實不方平如圖受田邑者遠近不得盡如制其所生育賦貢取正於是耳以廛里任國中而遂人職授民田夫一廛田百畮是廛里不謂民之邑居在都城者與凡王畿內方千里積百同九百萬夫之地也有山陵林麓川澤溝瀆城郭宮室涂巷三分去一餘六百萬夫又以田不易一易再易上中下相通定受田者三百萬家也遠郊之內地居四同三十六萬夫之地也三分去一其餘二十四萬夫六鄉之民七萬五千家通不易一易再易一家受二夫則十五萬夫之地其餘九萬夫廛里也場圃也宅田也士田也賈田也官田也牛田也賞田也牧田也九者亦通受一夫焉則半農人也定受田十二萬家也食貨志云農民戶一人已受田其家衆男爲餘夫亦以口受田如比士工商家受田五口乃當農夫一人今餘夫在遂地之中如此則士工商以事入在官而餘夫以力出耕公邑甸稍縣都合居九十六同八百六十四萬夫之地城郭宮室差少涂巷又狹於三分所去六而存一焉以十八分之十三率之則其餘六百二十四萬夫之地通上中下六家而受十三夫定受田二百八十八萬家也其在甸七萬五千家爲六遂餘則公邑○廛直連反場直良反圃布古反又音布賈音古注同畺居良反吏爲于僞反蓏力果反州長丁丈反後

皆同監古銜反盡津忍反者與音餘麓音鹿涂音徒去起呂反下同如比徐方二反率音律又音類【疏】以塵至畺地○釋曰此一經論任土之法但天子畿内千里中置國城四面至畺各五百里百里爲一節封授不同今則從近向遠發國中爲始也但自遠郊百里之内置六鄉七萬五千家自外餘地有此塵里以至牧田九等所任也云以公邑之田任甸地者郊外曰甸甸在遠郊之外其中置六遂七萬五千家餘地既九等之八所受以爲公邑也但自此以至畿畺四處皆有公邑故據此而言也云以家邑之田任稍地者謂天子大夫各受采地二十五里在三百里之内也云以小都之田任縣地者謂天子之卿各受五十里采地在四百里縣地之内也云以大都之田任畺地者謂三公及親王子母弟各受百里采地在五百里畺地之中也名三百里爲稍者以大夫地少稍稍給之故云稍也四百里爲縣者以四百里采地之外地爲公邑主之者尊卑如縣正故司馬法亦名四百里爲縣也五百里爲畺者以外畔至五百里畿畺故以畺言之○注故書至公邑○釋曰云故書塵或作壇已下先鄭及子春等不從故書者以其壇與蕆削義無所取故也鄭司農云塵市中空地未有肆城中空地未有宅後鄭不從者以其塵者塵縣於中里又訓爲居不得爲空地若空地何因有二十

而稅乎且司農又不釋里之與廛義異故後鄭以爲民居之區域與孟子五畝之宅及遂人夫一廛一物解之也司農云民宅曰宅宅田以備益多也者司農意以宅本一夫受一區恐後更有子弟國中不容故别受宅田於近郊以備於後子弟益多出往居之後鄭不從者依士相見禮致仕者有宅在國宅在野二者依彼稱宅與此宅田文同故不從先鄭依彼解之司農云士田者士大夫之子得而耕之田也後鄭不從者以此士字言之不得兼大夫又禮記士之子不免農大夫之子免農矣不得爲大夫子得而耕之田故後鄭破此士爲仕仕謂鄉大夫以下仕官得田依孟子圭田解之司農云賈田者吏爲縣官賣財與之田後鄭不從者依周禮之內云賈人者皆仕在官府史之屬受祿於公家何得復受田乎故後鄭以爲賈人其家所受田也司農云官田者公家之所耕田後鄭不從者下云近郊十一皆據此士官田之等若官田是公家所耕何得有稅乎故後鄭以爲府史之等仕在官家人所受田也司農云牛田者以養公家之牛後鄭不從者若是養公家牛何得下文有稅故後鄭亦爲牛人之家所受田也司農云賞田者賞賜之田此即夏官司勳云賞田一也故後鄭從之司農云牧田者牧六畜之田司農意此即牧人掌牧六牲者也後鄭不從者若是牧人牧六牲則是公家放牧之

地何得下文有稅乎故後鄭亦云牧人家人所受田也司農引司馬法已下者證經遠郊百里四百里爲縣五百里畺畺即都一也無取於州與野之義連引之耳子春云五十里爲近郊後鄭義亦然故書序云周公既沒命君陳分正東郊成周鄭注云天子之國五十里爲近郊今河南洛陽相去則然是近郊郊五十里之驗也子春又云遠郊百里此與司馬法同故後鄭從之也玄謂里居也案爾雅釋言云里邑也今云里居者但里居城邑之中故爾雅云里邑不謂訓里爲邑故鄭云里居也云園樹果蓏之屬者此謂田首之界家有二畝半以爲井竈葱韮者故得種樹果蓏之屬云季秋於中爲場者七月詩云九月築場圃是也云樊圃謂之園者大宰九職有園圃毓草木并園言之詩折柳樊圃故云樊圃謂之園也引士相見者破先鄭以爲宅田爲民宅之義也云士讀爲仕者後鄭之意單士恐不兼卿大夫故破從仕宦之仕云所謂圭田也者所謂王制夫圭田無征復是殷法故圭田無稅入天子法故言無征此是周法故有近郊十一而稅引孟子者證圭田卿大夫士皆有之義也云賈田已下至畜牧者之家所受田也者皆是不從司農之義云公邑謂六遂餘地者欲見六鄉之外有九等之田無公邑之意云天子使大夫治之者以其四等公邑非鄉遂又非采地不見有主治之以司馬法

云二百里曰州四百里曰縣言之故知天子使大夫治之也云自此以外皆然者以大宰九賦有邦甸家稍邦都之賦非采地是公邑可知又三百里以外其地既廣三等采地所受無多故雖九十三國明自外皆是餘地爲公邑也若然是公邑之地有四處也云二百里三百里其大夫如州長四百里五百里其大夫如縣正者此約司馬法二百里曰州四百里曰縣而言則從二百里向外有四百里二百里爲一節故二百里三百里大夫治之尊卑如州長中大夫也四百里五百里尊卑如縣正下大夫也云是以或謂二百里爲州四百里爲縣云者此還據司馬法而言無正文約與彼同故言或又言云以疑之也云遂人亦監焉者案遂人云掌野鄭云郊外野大摠言之則自百里外置六遂爲野自百里外至五百里畿皆曰野是以彼下又云夫閒有遂云云而言以達于畿但鄉遂及公邑皆爲溝洫法是以遂人亦監焉云家邑大夫之采地小都卿之采地大都公之采地者此經有家邑小都大都之文小司徒有四丘爲甸四甸爲縣四縣爲都彼據稅入天子而言此摠據采地大小而言則家邑二十五里大都百里遥治溝洫及澮而言也云王子弟所食邑也者王子弟者據春秋之義兄°言弟者皆王之同母弟則母弟與王之庶子與公同食百里地在畺稍疏者與卿同食五十里地在縣又

疏者與大夫同食二十五里地在稍故在下別言王子弟所食邑云皆言任者地之形實不方平如圖者上經注任土者任其力勢所能生育彼并言土故云任言任其生育此經皆單言任故以任其曲直高下形實解之言任義得兩含也云受田邑者遠近不得盡如制者地既不可方平如圖明受田受邑者不得盡如制制還是圖也云其所生育賦貢取正於是耳者此鄭還釋任義非直任其形實兼解任其生育貢賦取正也是以上注云任其生育且以制貢賦也云以廛里任國中而遂人職受。民田夫一廛田百畮引之者覆破司農謂廛爲空地故云是廛里不謂民之邑居在都城者與言正是民之邑居在都城者并解之也云凡王畿內方千里者據大司徒大司馬皆云王畿千里而言也云積百同者王畿千里開方之方千里爲方百里者百百里爲一同故云積百同云九百萬夫之地也者一同百成成九百夫十成九千夫百成九萬夫百同故九百萬夫之地也云有山陵林麓川澤溝瀆城郭宮室涂巷三分去一餘六百萬夫者案大司徒注積石曰山大阜曰陵注瀆曰川水鍾曰澤爾雅釋山山足曰麓此瀆非四瀆其溝亦非田間廣深四尺之溝直是通水之溝瀆也城謂方十二里郭謂郭郭宮室謂城郭之內官民宮室涂巷謂城內九經九緯及民間街巷之等三分去一謂九百萬夫之中三分去一故云餘六百萬夫也案洛邑千里之中山林之等多於平地而鄭以三分去一據大較而言也云又以田不易一易再易上中下相通者此相通三家受六夫之地也云定受田者三百萬家也者亦據六百萬夫相通而言也云遠郊之內地居四同三十六萬夫之地也者以其遠郊百里內置六鄉四面相距二百里二二而四故四同每同有九萬夫四九三十六故知三十六萬夫之地云三分去一其餘二十四萬夫者前文揔據畿內方千里三分去一此更據四同之內山陵之等三分去一故其餘二十四萬夫也云六鄉之民七萬五千家者鄉有萬二千五百家六鄉故七萬五千家云通不易一易再易一家受二夫則十五萬夫之地者此亦相通而言也云其餘九萬夫者據二十四萬夫除十五萬夫故餘九萬夫也云廛里巳下至半農人也鄭意九者未必各整萬家以大抵九者各爲萬家解之據整數而言耳云亦通受一夫焉者其中亦有不易一易再易相通而各受一夫焉云半農人也者農人相通各受二夫之地此受一夫故云半農人也云定受田十二萬家也者此鄭揔計六鄉七萬五千家此九者二夫爲一夫九萬爲四萬五千四萬五千添七萬五千爲十二萬夫據實受地爲定數故云定也云食貨志云農民戸一人巳受田其家衆男爲餘夫亦以口受田如比引

之者證六鄉七萬五千家家以七夫爲計餘子弟多三十壯有室其合受地亦與正夫同故遂人云夫一廛田百晦餘夫亦如之是其餘衆男爲餘夫亦以口受田如正夫之比類若然案孟子云圭田五十畝餘夫二十五畝彼餘夫與正夫不同者彼餘夫是年二十九已下未有妻受口田故二十五畝若三十有妻則受夫田百畝故鄭注内則云三十受田給征役鄉大夫注亦云有夫有婦乃成家何休亦云一夫一婦受井田百畝云士工商家受田五口乃當農夫一人者此謂士與工商之家丈夫成人受田各受一夫則上云半農人者是也其家内無丈夫其餘家口不得如成人故五口乃當農夫一人矣云今餘夫在遂地之中者謂百里内置六鄉以九等受地皆以一夫爲計其地則盡至於餘夫無地可受則六鄉餘夫等並出耕在遂地之中百里之外其六遂之餘夫並亦在遂地之中受田矣故揔云今餘夫在遂地之中也云如此則士工商以事入在官而餘夫以力出耕公邑者案食貨志士農工商四民有業學以居位曰士闢土殖穀曰農作巧成器曰工通財鬻貨曰商聖王量能授事四民陳力受職故地無曠土又云農民戸一人已受田其家衆男爲餘夫亦以口受田如比又云士工商家受田五口乃當農夫一人此謂平土可以爲法又見齊語管子對桓公亦云昔者聖王處士以

閑燕處工就官府處商就市井處農就田野皆云少而習焉其心安焉據此二文皆有四民但民農已於上鄉遂公邑受地故此雖說士工商三者也其身得祿免農其子不免農故禮記問士之子長曰能耕矣大夫巳上之子則免農矣故禮運云大夫有田以處其子孫然士旣有祿沾及子弟故其家田亦五口乃當農夫一人也其工商比農民爲賤故其家人亦五口乃當農夫一人此工商則與上賈人別彼賈人仕在官若府史但異名耳此工商有事時復爲官所使故云以事入在官云餘夫以力出耕公邑者還是五口之內有丈夫非士工商之身即曰餘夫百里內旣置六鄉及九等無地可居故知亦出耕公邑也云甸稍縣都合居九十六同八百六十四萬夫之地者經有任甸稍縣都遠郊之內已入六鄉與九等故此特據甸地巳外至五百里但王畿千里摠計有百同巳取四同爲百里內故餘有九十六同同有九萬夫百同則九百萬夫其中除四同三十六萬夫故餘爲九十六同八百六十四萬夫之地也云城郭宮室差少涂巷又狹者鄭欲解於三分所去而存二之意但百里之外雖有公邑采地城郭宮室比百里之內爲狹少耳云於三分所去六而存一焉以十八分之十三率之者但百里之內則三分所去六不存一今於此三分所去之中六內而存取其一則十八分之十三

率之是也言十八分之十三率之者若不六而存一則十八分之三六十八去一分有十二存今於所去六中存取其一以益十二則所去者五所存者十三故云十八分之十三率之也案張逸問注十八分之十三率之何謂鄭荅曰六鄉之民上地不易家百畝一易家二百畝再易家三百畝相通三夫六百畝六遂之民上地家百畝萊五十畝中地家百畝萊百畝下地家百畝萊二百畝相通三夫而六百五十畝以三分去一之法當餘十二遂地以有五十畝萊於三分去一乃得十三若據此而言則於三分所去六而存一唯據上地有萊五十畝而說而鄭云城郭官室差少涂巷又狹者但六而存一指據六夫受十三夫地而言今言城郭少涂巷狹者鄭意遠郊外上地有萊五十畝故言於城郭少涂巷狹中出此萊地焉云則其餘六百二十四萬夫之地通上中下六家而受十三夫定受田二百八十三萬家也者三分所去六而存一之法即於同上計之先取九十同更別借取九十同添爲百八十同是十八分之十三率之所得者百三十所去者五十向者借半今於百三十中還半餘有六十五同存仍有六同未分於六同別借取十二同添六爲十八同三分所去六而存一則得十三同所去者五同向借十二同是三分借二分今還他二分則十三同中取十二同還他八同得四同一

同者分爲九萬夫還他六萬夫得三萬夫將此四同三萬夫添前六十五同總爲六十九同三萬夫矣一同九萬夫取六十同六九五十四爲五百四十萬夫又有九同同有九萬夫九九八十一又爲八十一萬夫通前三萬夫爲八十四萬夫又添五百四十萬夫總爲六百二十四萬夫之地故云十八分之十三率之則其餘六百二十四萬夫也云上中下者上地家百畝萊五十畝中地家百畝萊百畝下地家百畝萊二百畝云六家而受十三夫者以上地有萊五十畝故三夫受六夫半六夫受十三夫矣云定受田者二百八十八萬家也者以六家受十三夫則六十萬家受百三十萬夫自二十萬家受二百六十萬夫之地又倍之二百四十萬家受五百二十萬夫之地餘有四十八萬家於上借十二萬家爲六十萬家是五分借一整數計之則六十萬家受百三十萬夫之地向五分借一今還五分除一六十除十二餘有四十八萬家在地亦五分除一百三十除二十六萬夫餘有一百四萬夫地在將此四十八萬家添前二百四十萬爲二百八十八萬家又將此一百四萬夫地添前五百二十萬夫總爲六百二十四萬夫矣云其在甸七萬五千家爲六遂餘則公邑者鄭○總計畿內遠郊之外訖别更計二百里之中者以三百里已外封三等采地采地多少不定不可計其六遂與六鄉相對

故特計之以其六遂家數與六鄉相似但六鄉之內餘地有九等所居六遂餘地。無九等故以餘地爲公邑也但邦畿千里雖民所止若東都地中言之東面雖有平地至於三面山林雜有今鄭所計雖三分去豈有二分平土乎且六鄉之民雖可以數計之其九等之地豈各萬夫爲定乎但鄭欲以開悟後人聊以整數爲筭法耳

凡任地國宅無征園廛二十而一近郊十一遠郊二十而三甸稍縣都皆無過十二唯其漆林之征二十而五

征稅也言征者以共國政也鄭司農云任地謂任土地以起稅賦也國宅城中宅也無征無稅也故書漆林爲桼林杜子春云當爲桼林玄謂國宅凡官所有宮室吏所治者也周稅輕近而重遠近者多役也園廛亦輕之者廛無穀園少利也古之宅必樹而圃場有瓜。桼本又作漆音七

（疏）凡任地至十而五。釋曰上經言任地所在此經言出稅多少不同之事云國宅無征者征稅也謂城內官府治處無稅也云園廛二十而一者園即上經場圃任園地廛即上經廛里任國中之地并言之者以其出稅同故也云近郊十一者即上經宅田士田賈田任在近郊者同十一而

稅也云遠郊二十而三即上經官田牛田賞田牧田任遠郊之地同二十而稅三也云甸稍縣都皆無過十二者即上經公邑之田任甸地已下至任畺地四處皆無過十二而稅二但此四處出稅不同據上文直言公邑之田任甸地則甸地之中兼有六遂矣其稍縣都上文推言家邑小都大都三等采地爲井田助法不見公邑則三者之中皆有公邑故上注云自此已外皆然若然則此云十二者除三等采地而言以其鄉遂公邑皆爲夏之貢法故也云漆林之征二十而五者上之三等爲輕近重遠法此漆林之稅特重以其漆林自然所生非人力所作故也○注征稅至有瓜○釋曰司農云國宅城中宅也無征無稅也者先鄭意廛既爲空地非民宅則此國宅城中宅謂民宅也後鄭不從者後鄭意以廛里既爲民宅則此國宅非民宅是以爲官府治事處解之玄謂國宅凡官所有宮室吏所治者也者吏即卿大夫等則匠人云外有九室九卿治之是也故無征也云周稅輕近而重遠近者多役也者以其城内及城外近城者給公吏使役多於稅上輕而優之遠城者役少故於稅上重而苦之故不依十一而稅唯近郊之内當十一耳云園廛亦輕之者廛無穀園少利也者以其廛則五畝之宅在國中則孟子云五畮之宅樹之以桑麻是廛無穀也園之少利者此園則百晦田畔家各二晦半以

爲井竈種葱韭及瓜是園少利故亦輕之云古之宅必樹者即孟子桑麻是也云疊場有瓜者是信南山詩云中田有廬疊場有瓜鄭云中田田中作廬以便其事於其畔種瓜瓜成又入其稅天子剝削淹漬以爲菹獻之皇祖是其園廛皆有稅之事也異義第五田稅今春秋公羊說十一而稅過於十一大桀小桀減於十一大貉小貉十一稅天子之正十一行而頌聲作故周禮國中園廛之賦二十而稅一近郊十二稅一遠郊二十而稅三有軍旅之歲一井九夫百畮之賦出禾二百四十斛芻秉二百四十六釜米十六斗案公羊十一稅遠近無差漢制收租田有上中下與周禮同義玄之聞也周禮制稅法輕近而重遠者爲民城道溝渠之役近者勞遠者逸故也其授民田家所養者多與之美田所養者少則與之薄田其調均之而是故可以爲常法漢無授田之法富者貴美且多貧者賤薄且少美薄之收不過相倍從而上中下也與周禮同義未之思也又周禮六篇無云軍旅之歲一井九夫百畮之稅出禾芻秉釜米之事何以得此言予若然周禮稅法據王畿公羊稅法據諸侯邦國諸侯邦國無遠近之差者以其國地狹少役賦事暇故無遠近之差也

凡宅不毛者有里布凡田不耕者出屋粟凡民

無職事者出夫家之征鄭司農云宅不毛者謂不樹桑麻也里布者布參印書廣二寸長二尺以爲幣貿易物詩云抱布貿絲抱此布也或曰布泉也春秋傳曰買之百兩一布又廛人職掌斂市之次布儳布質布罰布廛布孟子曰廛無夫里之布則天下之民皆說而願爲其民矣故曰宅不毛者有里布民無職事出夫家之征欲令宅樹桑麻民就四業則無稅賦以勸之也故孟子曰五畝之宅樹之以桑則五十者可以衣帛不知言布參印書者何見舊時說也玄謂宅不毛者罰以一里二十五家之泉空田者罰以三家之稅粟以其吉凶二服及喪器也民雖有閒無職事者猶出夫稅家稅也夫稅者百畝之稅家稅者出士徒車輦給繇役○儳劉音讒徐才鑒反皆說音悅令力呈反以衣於既反下同閒音閑

［疏］凡宅至之征○釋曰以草木爲地毛民有五畝之宅廬舍之外不樹桑麻之毛者罰以二十五家之稅布謂口率出泉漢法口百二十也云凡田不耕者出屋粟者夫三爲屋民有百畝之田不耕墾種作者罰以三家之稅粟云凡民無職事者出夫家之征者此則大宰閒民無常職轉移執事之人雖不事當家田宅無可賦稅仍使出夫稅家稅之征以勸之使樂業也○注鄭司至繇役○釋曰先鄭云不毛者謂不樹桑麻據孟子爲說

也云里布至抱此布此說非故先鄭自破之也云或曰布泉以下至廛布此說合義也云春秋傳曰買之百兩一布此昭公二十六年左氏傳文案彼文齊侯以師欲納昭公申豐從女賈以幣錦二端以適齊師謂子猶之人高齮能貨子猶爲高氏後高齮以錦示子猶子猶欲之齮曰魯人買之百兩一布杜注云言魯人買此甚多布陳之以百兩爲數杜以爲布爲陳不爲布泉此先鄭以彼布與此布及外府邦布皆爲泉與杜義異也云廛人職掌斂市之次布已下彼注先鄭云次布列肆之稅布總布後鄭云總謂如租穟之穟穟布謂守斗斛銓衡之布質布謂質人所罰犯質劑者之布罰布者謂犯市令者之泉廛布者貨賄諸物邸舍之稅彼諸布皆是泉故引以爲證也引孟子廛無夫里之布亦謂口率出泉宅不毛無一里之罰布天下民願爲之民矣云欲令民就四業則無稅賦以勸之者案閒師四業畜也耕也樹也蠶也或說以四時之業也玄謂宅不毛者罰以一里二十五家之泉者此就足司農之義空田者罰以三家之稅粟者以夫三爲屋以三夫解屋也云以共吉凶二服及喪器也者案鄉師職云比共吉凶二服閭共祭器族共喪器黨共射器州共賓器但射器賓器等爲國行禮故出官物爲之惟吉凶二服及喪器是民自共用不可出官物故比族主集此罰物爲之故鄭唯據此

二事而言也云夫稅者百畝之稅知者以家稅爲士徒故知是一夫之田所稅粟也云家稅者出士徒車輦給繇役知者案縣師云若將有軍旅會同作其衆庶及馬牛車輦故知家稅是士徒車輦也趙商問載師職凡宅不毛乃罰以一里布田不耕者罰屋粟商以田不耕其罪莫重宅不毛其罰當輕宅不毛乃罰以二十五家之布田不耕則罰之三家之稅粟未達罰之云爲之旨輕重之差鄭荅此法各當罰其事於當其有故何以假他輕重乎

以時徵其賦〔疏〕以時徵其賦○釋曰閭師徵斂六鄉之賦貢遂師旅師斂六遂已外之賦貢自有常官但徵斂事重以載師既掌畿內地事因亦徵其賦相左右也案下閭師注賦謂九賦及九貢則此賦貢含有也至於里布屋粟及閭民夫家之征亦可斂之

閭師掌國中及四郊之人民六畜之數以任其力以待其政令以時徵其賦國中及四郊是所主數六鄉之中自廛里至遠郊也掌六畜數者農事之本也賦謂九賦及九貢〔疏〕閭師至其賦○釋曰閭師徵斂百里內之

賦貢故云掌國中及四郊之人民及六畜之數以其人民是出賦之數其六畜是營作之本故須知數也云以任其力者謂以人民六畜任使其力也云以待其政令者政令謂賦役皆是也以時徵其賦者賦貢所徵當順其四時故云以時也○注國中至九貢○釋曰云國中及四郊是所主數者以其六鄉之民居在國中及四郊其政教自有鄉大夫以下施之今閭師主徵斂直知其人數而已故云是主數也云六鄉之中自廛里至遠郊也者此鄭重解國中及四郊之義據上言廛里至任遠郊之地其中含有六鄉七萬五千家故鄭指六鄉而言也云掌六畜數者農事之本也者六畜謂馬牛羊豕犬雞則唯牛可爲農事而鄭揔云農事之本者羊馬犬雞雖不用爲農事皆是人之相資藉以爲用故揔入農事之中是以閭師主徵斂亦揔知其數也云賦謂九賦○者案下又陳貢故知賦中兼有貢經直言賦者以賦爲主耳賦謂口率出泉若然案大宰九賦從邦中以至幣餘爲九等此國中及四郊於九賦之中惟有二賦而言九賦者亦大揔而言也其九貢又與大宰別彼九貢者與小行人春入貢爲一謂諸侯之九貢即大宰九職之貢與下文貢九穀之等是一也

凡任民任農以耕事貢九穀任圃以樹事貢草

木任工以飭材事貢器物任商以市事貢貨賄任牧以畜事貢鳥獸任嬪以女事貢布帛任衡以山事貢其物任虞以澤事貢其物貢草木謂葵韭果蓏之屬○飭音勑以音許六反下同

疏凡任至其物○釋曰案太宰以九職任萬民謂任使萬民各有職事有職事必有功有功即有貢故此論貢之法也言凡任民謂任使萬民使出貢與下爲目云任農以耕事貢九穀者案太宰職云一曰三農生九穀故此還使貢九穀九穀之數太宰已注訖云任圃以樹事貢草木者太宰云二曰園圃毓草木故還使貢草木謂菜蔬果蓏之屬云任工以飭材事貢器物者大宰云五曰百工飭化八材故八材飭治以爲器物故此還使貢之也云任商以市事貢貨賄者大宰云六曰商賈阜通貨賄故還使貢貨賄也云任牧以畜事貢鳥獸者大宰云四曰藪牧養蕃鳥獸故還使貢鳥獸也云任嬪以女事貢布帛者大宰云七曰嬪婦化治絲枲故還使貢布帛女即彼嬪婦也云任衡以山事貢其物者大宰云三曰虞衡作山澤之材材即物也以其山澤所出物多故云物若禹貢

云海物然也序官山澤稱虞川林稱衡此文云任衡以山事山不稱虞者欲見山中可以兼川林亦貢物故互見爲義也此文次第與大宰不同者彼依事大小爲次此不依彼爲次者欲見事無常故也且彼有九職仍并山澤爲一此文分山澤爲二唯有八者任九職有臣妾及閒民此無者以周公設經任之則有臣妾使得自生若貢稅則無以其聚斂疏材無可稅故也其閒民載師已見出夫家之征故於此不言之矣其分山澤爲二者以山澤山貢不同故分爲二以充八通閒民爲九耳○注貢草至之屬○釋曰案大宰注疏材百草根實與此注不同者但百草根實即葵韭果蓏百草中可以兼木矣

凡無職者出夫布獨言無職者掌其九賦○疏凡無至夫布○釋曰無職非一故言凡此無職即大宰閒民無常職轉移執事者也轉移執事即是有職而言無職者爲有職者執事當家廛地不事即無職也云出夫布者亦使出一夫口稅之泉也○注獨言至九職○釋曰云獨言無職者掌其九賦者上皆論貢不言賦惟此無職之人言夫布夫布即賦也以其掌九賦者上雖直云貢九賦亦掌之故云掌其九賦案劉玫問載師職云凡民無職事者出夫家之征閭師職云凡無職者出夫布夫家之征與夫布其異如何鄭荅云夫家之征者田稅如今租矣

夫布者如今筭斂在九賦中者也以此言之若今租即夫征不得兼言家鄭連言家挾句耳劉琰又問閭師職云凡任民任農以耕事貢九穀下至任虞凡八貢不道九賦下言凡無職者出夫布注云獨言無職者掌其九賦若此者豈上八貢者復出八賦與無職所出夫布凡爲九將自布賦不同重計八貢未之能審也鄭荅曰讀天官冢宰職則審矣無職在九賦中今此不言其餘獨言此者此官掌斂賦嫌無職者不審出筭故言耳鄭云讀天官冢宰則審者案冢宰職九職九賦別九賦自邦中以至邦都六也加以關市山澤及幣餘爲九九職不言服數或一服之中而有職安得八賦依八貢出之乎言審矣者審八賦不依九職爲九可知故云審矣若然無職在賦中其句下讀爲義不連於上也欲明無職之人非直在九職中亦在九賦中故云無職在九賦中也

凡庶民不畜者祭無牲不耕者祭無盛不樹者無椁不蠶者不帛不績者不衰掌罰其家事也盛黍稷也椁周棺也不帛不得衣帛也不衰喪不得衣衰也皆所以恥不勉○衰七回反下同

【疏】凡庶至不衰○釋曰云庶人不畜者祭無牲者案孟子云庶人五母雞二母彘無失其時是以不畜

者當罰之故死後祭無牲也庶人用牲之法若王制云非以卵麥以魚黍以豚稻以鴈注云庶人無常牲取以新物相宜而已是也云不耕者祭無盛者黍稷曰盛耕者所以殖黍稷今惰農自安不殖黍稷故死後祭之無盛也云不樹者無椁者庶人五畝之宅樹以桑麻今宅不毛非直罰以里布死後又無五寸之椁也云不蠶者不帛者蠶則得帛孟子云五十可以衣帛以不蠶故身不得衣帛云不績者不衰者緝績者得布其衰裳以布爲之其婦人不績其麻者死則不爲之著衰裳以罰之也

縣師掌邦國都鄙稍甸郊里之地域而辨其夫家人民田萊之數及其六畜車輦之稽三年大比則以攷羣吏而以詔廢置郊里郊所居也自邦國以及四郊之內是所王數周天下也萊休不耕者郊內謂之易郊外謂之萊善音近。○比毗志反後放此

〔疏〕縣師至廢置○釋曰云掌邦國據畿外諸侯言都鄙據畿內五百里四百里大都小都言稍據三百里家邑言甸據二百里六

遂言郊里據從遂郊至國中六鄉之民也從外向內而說之言地域者從邦國至六鄉各有地域廣狹云而辨其夫家人民田萊之數者夫家猶言男女人民謂奴婢田萊見田及荒不耕者之萊其數皆知故云之數也云及其六畜車輦之稽者六畜馬牛羊豕犬雞車所以駕馬輦人挽行之稽計也謂所計之數皆知之云三年大比則以攷羣吏而以詔廢置者古者亦三年一大案比戶口則考校主民之羣吏校其功過以詔告在上有功者置之以進爵位有過者廢退之○注郊里至言近○釋曰云郊里郊所居也者謂六鄉之民布在國中外至遠郊故有居在郊者也案遺人云鄉里之委積又云郊里之委積彼云鄉里據國中云郊里據在郊與此同也必知鄉民有居在郊者見比長云從于國中及郊則從而授之若徙于他則爲之旌節而行之國中及郊不云他明郊與國中同是鄉民也云自邦國以及四郊之內是所主數者其義若閭師耳云周天下也者邦國則六服四郊則兼國中故云周徧天下也云萊休不耕者詩云田卒汙萊注云下者汙高者萊是萊謂草萊之萊若上地萊五十畮之類也云郊內謂之易郊外謂之萊善言近者郊外言萊即此經田萊據郊而言遂人亦云萊五十畮百畮之類是萊爲草萊穢污之稱也郊內謂之易無文案大司徒云凡造都鄙制其地域云上地

不易中地一易下地再易司徒主六鄉則六鄉之地從易可知不言萊直言易者善言近也若將有軍旅會同田役之戒則受灋于司馬以作其衆庶及馬牛車輦會其車人之卒伍使皆備旗鼓兵器以帥而至受法於司馬者知所當徵衆寡○卒子忽反〈疏〉若將至而至○釋曰云若將有軍旅者言若謂若有若無不定之辭將有謂事未至軍旅謂征伐會同謂時見殷見田役謂四時田獵之戒者謂有此數事則豫戒令之云受法于司馬者司馬主將事故先於司馬處受出軍多少及法式也云以作其衆庶者謂於司馬處得法乃作起其庶衆巳下云會其車人之卒伍者謂會合車人人則百人爲卒五人爲伍車亦有卒伍云使皆備旗鼓兵器者旗謂若司馬云秋辨旗物王載大常巳下鼓謂司馬云春辨鼓鐸王執路鼓巳下兵器謂弓矢殳矛戈戟也以帥而至者鄉師云以旗致萬民此云而至者謂帥而至鄉師也凡造都邑量其地辨其物而制其域物謂地所有也名山大澤不以封○量音良〈疏〉凡造

至其域○釋曰言造都謂大都小都邑謂家邑也云量其地者家邑二十五里大都百里小都五十里也云辨其物者三等之地所有不同云制其域者域即疆域大小是也○注物謂至以封○釋曰云物謂地所有也者若地物無所有不得耕墾若山澤者不授之故引王制云名山大澤不以封也

以歲時徵野之賦貢野謂甸稍縣都也所徵賦貢與閭師同○

【疏】以歲至賦貢○釋曰以郊內賦貢閭師徵斂郊外曰野所有賦貢縣師徵之遂師旅師斂之故云徵野之賦貢○注野謂至師同○釋曰知野含有甸稍縣都者以其縣師并掌天下旣邦國與畿內不同明野中雅含有此四者也云所徵賦貢與閭師同者但閭師徵六鄉賦貢并斂之此縣師所徵四處賦貢與閭師同若徵野之賦貢是遂師旅師也故直云徵之同明斂則異也

遺人掌邦之委積以待施惠鄉里之委積以恤民之囏阨門關之委積以養老孤郊里之委積以待賓客野鄙之委積以待羇旅縣都

之委積以待凶荒 委積者廩人倉人計九穀之數足國用以其餘共之所謂餘法用也職內邦之移用亦如此也皆以餘財共之少曰委多曰積鄉里鄉所居也囏阨猶困乏也門關以養老孤人所出入易以取餼廩也羈旅過行寄止者待凶荒謂邦國所當通給者也故書囏阨作摧阨羈作寄杜子春云摧阨當爲囏阨寄當爲羈○遺唯季反劉音遂施惠式豉反後施惠皆同廩良甚反易以豉反摧音囏又音謹

（疏）遺人至凶荒○釋曰此官主施惠故掌邦之委積以待施惠此與下爲摠目也云鄉里之委積以恤民之囏阨者此下數者皆謂當年所稅多少摠送帳於上在上商量計一年足國用外則隨便留之以爲恤民之囏阨之等也囏阨謂年穀不熟民有困乏則振恤之云門關之委積以養老孤者門謂十二國門關謂十二關門出入皆有稅所稅得者亦送帳多少足國用之外留之以養老孤故司門云以其財養死政之老與其孤注云財所謂門關之委積也是其所留之財也云郊里之委積以待賓客者里居也郊民所居即六鄉之民所居郊里者其委積留之以待賓客者其賓客至郊與主國使者交接因即與之廩餼便欲以待賓客也云野鄙之委積以待羈旅者上既言郊里據遠郊則此野鄙據六遂在郊外曰野六遂中有五百家鄙故以

鄙表六遂耳則野鄙中可以兼得公邑在甸地者也旅客也謂客有羇縶在此未得去者則於此惠之但羇旅處處皆有獨於此見惠者但甸地在二百里中於外內有羇旅皆得取之故獨見於此也云縣都之委積以待凶荒者縣謂四百里都謂五百里不見稍三百里則縣都中可以兼之凶荒謂年穀不熟則曲禮云歲凶年穀不登是也特於此三處見凶荒其內荒則畿內畿外皆有若畿外內荒則入向畿內取之畿內凶荒則向畿外取之是以鄭君通給鄰之故於近畿三百里之外言待凶荒之事也○注委積至餘法用皆約倉人主藏穀廩人主藏米自計九穀之數至爲羇○釋曰倉人文案倉人云辨九穀之物以待邦用若穀不熟則止餘法用有餘則藏之以待凶而頒之注止年穀餘法用謂道路之委積所以豐優賓客之屬又案廩人云掌九穀之數以待國之分頒謂若委人之職諸委積以稍聚待賓客以甸聚待羇旅是廩人亦云委人云委積若然穀不足止餘法用則此鄉里已下皆無委積之事故云止餘法用也雖無新物以入委積其舊委積所藏者則給囏阨老孤之等故倉人云藏之以待凶而頒之掌客云凶荒則殺禮者謂除道路委積之外也云職內邦之移用亦如此也者職內所云亦謂本司所用有餘乃移於他處故云亦如此也云少曰委多曰積者據此文三十里言委

五十里言積相對而言若散文則多亦曰委委人所云薪蒸亦曰委是也云鞽阨猶困乏也者案書傳云行而無資謂之之居而無食謂之困**凡賓客會同師役掌其道路之委積**

凡國野之道十里有廬廬有飲食三十里有宿宿有路室路室有委五十里有市市有候館候館有積廬若今野候徒。有庌也宿可止宿若今亭有室矣候館樓可以觀望者也一市之間有三廬一宿○庌劉音雅

疏凡賓至有積○釋曰上經委積隨其所須之處而委積此經所陳委積據會同師役行道所須故分布於道路遠處須多故有積近處須少故有飲食及委也○注廬若至一宿○釋曰云廬若今野候徒有庌也者此舉漢法以況義漢時野路候迎賓客之處皆有庌舍與廬相似云宿可止宿若今亭有室矣者案漢法十里有亭亭有三老人皆有宮室故引以為況也云一市之間有三廬一宿者十里二十里有廬三十里有宿四十里又有一廬五十里有市是其一市之間三廬一宿凡廬有四義十里有廬一也中田有廬二也易剝之上九云君子得輿小人剝廬

注云小人儌狠當剗徹廬舍而去三也公劉詩云於時廬旅鄭云廬舍安民館舍施教令四也**凡委積之事巡而比之以時頒之**（疏）凡委至頒之○釋曰言凡委積上二文委積之事是也以時頒之則以待者是也

附釋音周禮注疏卷第十三

知南昌府張敦仁署鄱陽縣候補知州周澍栞

周禮注疏卷十三挍勘記　阮元撰盧宣旬摘録

附釋音周禮注疏卷第十三

牧人

騂牲赤色　監本作色赤誤倒

望祀五嶽　賈疏本望祀下有四望二字

黝讀爲幽幽黑也　漢讀考作幽讀爲黝黝黑也經黝牲作幽牲謂今本是經注互改之故

謂圜丘方澤　閩本同監毛本圜改圓

是祭宗廟時赤也　浦鏜云用誤時

下用尨　惠挍本同閩監毛本下誤不

故書毁爲甈尨作龙　閩監毛本作尨作厖亦非宋本余本岳本嘉靖本作尨作龍當據以訂正

下尨當爲尨據余岳嘉靖本亦作龍當爲尨又此及閩監本瓶舊作瓶訛今訂正

毀謂副辜侯禳 監毛本侯誤候疏中同閩本此字空闕毛本辜作辜訛

不必純注云 閩本同監毛本純下衍黄

疈辜祭四方百物 閩本同監毛本疈改副

則惟據純毛者 閩本同監毛本惟據作唯柬非

牛八

祈求福之牛也 宋本祈作所案上云求牛禱於鬼神此復云祈求福祠意煩複宋本作所是也

明非禱祈非時祭者 此本此句剜擠當有誤

謂所以繹者也者 宋本無上者

經據後而言之耳 惠挍本之下有中蓋涉下之中誤衍

膳所以間禮賓客　宋本余本嘉靖本毛本同此本及閩監本間誤問疏中同今訂正

皆共牢積禮膳之牛也　閩本同監毛本作牢禮積膳此誤倒

是速賓之禮也　毛本是字誤爲客走二字

王國五積者　浦鏜云主誤王

亨大牢以飲賓　監毛本亨誤享下同

軍事共其槁牛　唐石經余本同釋文犒牛苦報反注同葉鈔本作槁牛余本及此本載音義同是經注皆從木作槁當據以訂正宋本嘉靖本閩監毛本作犒牛注及疏同非也案賈疏云謂將帥在軍枯槁之賜牛謂之槁牛此經文從木明證賈疏未誤也序官槀人疏亦云以在朝之人不得歸家亦枯槁以須槁勞之故名其官爲槁人

謂將帥在軍枯槁之賜牛　閩本同監毛本枯槁誤牯犒下槁字同○謂槁而槁之一上一去猶勞而勞之一平一去也

亦是犒師之牛　案此犒字亦當作槁

無尸飲食飲食直奠告于神前　閩監毛本作無尸飲食直奠停置于神前此誤複飲食二字係剜擠○按此當複無尸二字而誤複飲食二字也

合以互與楅衡共一　浦鏜云今誤合

充人

皆體牷具　毛本牷誤牲

釋曰云散祭之牲　惠挍本祭下有祀此脫

展牲則告牷　毛本牷誤牲

君牽牲入　此本及閩監本牽誤率今據宋本余本嘉靖本毛本訂正

愽碩肥腯　宋本下有也字諸本愽作溥從十疏中同

季梁止之曰天方授楚　毛本梁誤良止誤正閩監本力誤子

謂民力之普存　惠挍本下有也此脫

地官司徒下　唐石經周禮卷第四宋本余本嘉靖本同宋本周禮疏卷第十四閩監毛本仍卷十三與此本同

載師

故因民九職以傴貢　毛本以字誤倒九職上

故云厥賦唯上上之等也　惠挍本云作名名蓋言之誤

以家邑之田任稍地　說文鄁國甸大夫稍稍所食邑从邑肖聲周禮曰任鄁地在天子三百里之內案許君以稍稍訓鄁則稍地字當以從邑作鄁爲正稍其義訓也

稍或作削　漢讀考云說文邑部引周禮任鄁地疑削即鄁之誤大宰家削之賦音義云本又作鄁

禮讀爲廛閩監本同誤也宋本余本嘉靖本毛本皆作壇讀爲廛當訂正

者可證

若今云邑里居矣岳本嘉靖本作邑居里案當作若今云邑居矣里衍文下云民之邑居在都城

圭田五十晦宋本晦作畝下田百晦同案注多用晦字不當岐出

二百里三百里其上大夫如州長四百里五百里其下大夫如縣正宋本閩監毛本同嘉靖本無上下二字惠挍本亦無此二字云據諸家本無此二字宋本亦無獨萬卷堂本有案賈疏引注云二百里三百里其大夫如州長四百里五百里其大夫如縣正亦無上下二字今本蓋據下疏云其尊卑如州長中大夫其尊卑如縣正下大夫遂妄增

受田邑者岳本受作授誤

取正於是耳宋本岳本嘉靖本同閩監毛本耳改爾非案賈疏引注亦作耳

而遂人職授民田　諸本同賈疏引注亦作而惠棟校本作如遂人云余本仍作而

餘六百萬夫　宋本萬作万下並同

亦以口受田如比　宋本余本岳本同與漢書合嘉靖本閩監毛本比作此誤釋文如比徐方二反疏云如正夫之比類可證

如此則士工商以事入在官　諸本同浦鏜云此亦當作比非賈疏亦作如此文屬下

十萬五千家爲六遂　閩監本同誤也宋本余本嘉靖本毛本皆作七萬當據以訂正疏引注亦作七

餘地既九等之人所受以爲公邑也　浦鏜云既當卽字訛

故破從仕宦之仕　閩監毛本宦作官誤上云仕宦得田可證

兄言弟者皆王之同母弟　浦鏜云凡誤兄

而遂人職受民田 惠挍本受作授此誤

聲解之也 惠挍本同聲字疑誤閩監毛本改作并

鄭意九者未畢各整萬家 閩監本同誤也毛本畢作必當據正

餘肘亦如之 惠挍本作餘夫此誤

亦以口受田如此又云 閩本同監毛本此作此非

則三分所去六不存一 閩監毛本同浦鏜云而訛不

萊易家二百畝 閩本同監毛本作一易

鄭揔計畿內遂郊之外訖 惠挍本鄭下有旣

六遂餘地無九等 惠挍本地下有旣

山林雜有 惠挍本作徧有

唯其漆林之征　唐石經諸本同釋文桼林本又作漆漢讀考云經當作桼林注當作故書桼林爲漆林杜子春云當爲桼林

當爲桼林　閩監毛本同宋本余本岳本嘉靖本作漆林

而疊場有瓜　釋文疊場音亦諸本場多誤場

此經言出稅多少不同之事　此本出誤也今據惠挍本訂正閩監毛本改也爲地

給公吏使役多　閩監毛本改公家

則五畝之宅在國中　宋本作園中此誤

五畮之宅　閩本同監毛本畮改畝閭師疏同

近郊十二稅一　惠挍本二作而此誤

其調均之而是　閩監毛本是作足非

不通相倍從而上中下也 惠挍本從作蓰此誤疑而下脫云也當衍○按莊述祖云無也見其所集異義

謂不樹桑麻也 宋本脫麻

五畝之宅 宋本閩監本毛本同余本岳本嘉靖本畝作畮下同

罰以三家之稅粟 閩本同監毛本家作夫

以幣錦二端 閩監毛本改二兩

總謂如租稯之稯 浦鏜云讀誤謂

亦可斂之 閩監毛本斂改徵

閭師

云賦謂九賦者案下又陳貢 浦鏜云謂九賦下當脫及九貢三字毛本又誤文此

本及閩監本皆作又

故八材飭治以爲器物　惠挍本故作作

以山澤山貢不同　浦鏜云山貢當所貢之誤

其異如何　漢制考作何如

縣師

善言近　宋本近下有之當衍

古者亦三年一大案且戸口　毛本者誤云惠挍本且作比此誤

是萊謂草萊之萊　惠挍本作之地此誤

是萊爲草萊汚穢之稱也　惠挍本作汚惡毛本爲作是汚穢倒

有戒有此數事　惠挍本無有戒二字此衍閩監毛本改作者謂○按者謂是也疏摘經文之戒

二字而發明之

域卽疆域大小是也　惠挍本無上域

若徵野之賦貢　惠挍本徵作斂此依經改非○按毛本作徵

遺人

艱阨猶困乏也　宋本岳本嘉靖本同閩監毛本艱作囏下同按此亦段玉裁經用古字注用今字之證

故書艱阨作㨷阨　釋文作㨷音艱又音謹宋本閩監毛本作㨷岳本嘉靖本作權宋本載音義作僅皆非

寄當爲羇　毛本云當作羇失其舊

闗十二闗門　惠挍本十上有謂此脫

若穀不熟浦鏜云足誤熟

廬若今野候徒有序也閩監毛本同誤也宋本岳本嘉靖本徙作徒當據以訂正漢制考亦引作徒疏中同

周禮注疏卷十三挍勘記終

南昌袁泰開校

附釋音周禮注疏卷第十四

鄭氏注　賈公彦疏

均人掌均地政均地守均地職均人民牛馬車輦之力政政讀爲征地征謂地守地職之稅也地守衡虞之屬地職農圃之屬力征人民則治城郭涂巷溝渠牛馬車輦則轉委積之屬○政音征出注下同

【疏】均人至力政○釋曰均人所均地政已下摠均畿內鄉遂及公邑云均地政者謂均地守地職二者之稅使皆十一而出稅又均人民已下力征之事○注政讀至之屬○釋曰鄭破政爲征者以經政是政教之政非征稅之征故破之也鄭又知地征是地守地職之稅者以其出稅無過地守地職二者故知之也云地守衡虞之屬者亦謂畿內川衡林衡山虞澤虞皆遣其地之民守護之及其入山林川澤取之者使出稅以當邦賦云地職農圃之屬者此即大宰九職云一曰三農二曰園圃之屬以九職任之因使出稅也云力征已下并車輦並是力之征稅若然土均云掌平地之政以均地守以均地事以均地貢注云所平之稅邦國都鄙也與此

鄉遂及公邑別彼又云地貢鄭云謂諸侯之九貢與此九職之貢又不同也 **凡均力政以歲上下豐年則公旬用三日焉中年則公旬用二日焉無年則公旬用一日焉** 豐年人食四鬴之歲也人食三鬴爲中歲人食二鬴爲無歲歲無贏儲也公事也旬均也讀如畇畇原隰之畇易坤爲均今書亦有作旬者○上時掌反鬴房甫反畇音均又舒均反又音旬聶氏常純反

〔疏〕凡均至日焉○釋曰此所均力政者即上人民之力征不過牛馬車輦故禮記王制云用民之力歲不過三日是此亦據人而言也云以歲上下者上即豐年下即儉年也豐年則公旬用三日者公事也旬均也謂爲事均用三日也○注豐年至旬者○釋曰鄭知豐年人食四鬴已下者案廩人云人四鬴上也人三鬴中也人二鬴下也而知之彼又云不能人二鬴則令邦移民就穀此時則無力征矣若然此食二鬴而言無年無年者鄭云無贏儲仍未移民就賤此無年與彼不能人二鬴之歲不同彼不能人二鬴自然無贏儲也云公事也者此天子之法非諸侯之禮不得爲公君解之故從公事而釋也云旬均也者王制既云用民歲不過三日明不得爲旬十

日解之故破從均恐不平故云均也云讀如畇畇原隰之畇者彼詩畇畇是均田之意故讀從之云易坤爲均今書亦有作旬者彼易坤爲地地德均平是以均爲義今書今易書有作旬字者旬與均旬與均俱有均平之意故引爲證也

凶札則無力政無財賦無力政恤其勞也無財賦恤其乏困也財賦九賦也〔疏〕凶札至財賦〇釋曰凶謂年穀不孰札謂天下疫病則無此力征及財賦二事此即廩人云不能人二鬴之歲〇注無力至賦也〇釋曰云財賦九賦也者此即大宰九賦謂口率出泉知賦中惟是九賦者以下文有地守地職故此惟有九賦也若然上均地政不言均九賦亦均之可知

不收地守地職不均地政不收山澤及地稅亦不平計地稅也非凶札之歲當收稅乃均之耳

三年大比則大均有年無年大平計之若久不脩則數或闕〔疏〕注有年至或闕〇釋曰經既云大均明知有年及無年皆須大平均計之也云久不脩則數或闕者三年一闕是其久久不脩謂不大平計則其中間不知其數不知其數則是數闕也

師氏掌以媺詔王告王以善道也文王世子曰師也者教之以事而諭諸德者也〇媺

音〔疏〕師氏至詔王○釋曰媺美也師氏掌以前世美善之美道以詔告於王庶王行其美道也○注告王至者也釋曰引文王世子者彼是師氏教世子禮引爲詔王者但詔王以道無文彼教世子與教王同故取以爲證也諭曉也諸於也彼謂教世子以君臣父子長幼之事而曉之以德今詔王亦曉之以德也

以三德教國子一曰至德以爲道本二曰敏德以爲行本三曰孝德以知逆惡教三行一曰孝行以親父母二曰友行以尊賢良三曰順行以事師長

德行内外之稱在心爲德施之爲行至德中和之德覆燾持載含容者也孔子曰中庸之爲德其至矣乎敏德仁義順時者也説命曰敬孫務時敏厥脩乃來孝德尊祖愛親守其所以生者也孔子曰武王周公其達孝矣乎夫孝者善繼人之志善述人之事者也孝在三德之下三行之上德有廣於孝而行莫尊焉國子公卿大夫之子弟師氏教之而世子亦齒焉學君臣父子長幼之道○行下孟反下及注同知音智稱尺證反燾徒報反説音悅孫音遜夫音扶〔疏〕三以

至師長○釋曰以此三德教國子王大子已下至元士之適子也云一曰至德以爲道本者至德謂至極之德以爲行道之本也二曰敏德以爲行本者謂敏達之德以爲行行之本也三曰孝德以知逆惡者善父母爲孝以孝德之孝以事父母則知逆惡不行也此上三德皆在心而行不見故鄭云在心爲德也云一曰孝行以親父母者行善事父母之行則能親父母冬溫夏凊昏定晨省盡愛敬之事也云二曰友行以尊賢良者此行施於外人故尊事賢人良人有德行之士也云三曰順行以事師長者此亦施於外人行遜順之行事受業之師及朋友之長也○注德行至之道○釋曰云德行內外之稱在心爲德施之爲行者案禮記云耻有其德而無其行則德在內行在外也又見經至德敏德道行爲本道行是施之於外之名又孝德行知逆惡亦是在外之事則知三德皆在內與外行爲本又三行云親父母之等故云施之爲行也云至德中和之德者案禮記中庸云致中和天地位焉故知至德是中庸之德也云覆燾持載含容者也者此至德即中庸所云至誠一也彼說至誠無息不息則久久則徵徵則悠遠悠遠則博厚博厚則高明博厚所以載物高明所以覆物是至德若天地覆燾持載含容者也云孔子曰中庸之爲德其至矣乎者此是論語雍也之文引之者證此至德與中

庸之德爲一之意云敏德仁義順時者也者人君施政春夏行賞爲仁秋冬行罰爲義是仁義順時敏疾爲德者也又引說命曰敬遜務時敏厥脩乃來者尚書說命之篇傳說告高宗以學問之事孫順也敏疾也厥其也爲君之法當恭敬順道務在順時疾而行之則其德之脩乃從學而來引之者證仁義順時之義也云孝德尊祖愛親守其所以生者也者孝德不如上二德直能善父母爲孝施德於親而已故云守其所以生者也又引孔子曰武王周公其達孝矣乎至之事是禮記中庸文言二人通達行孝者也云夫孝者善繼人之志善述人之事者案中庸上文云無憂者其惟文王乎父作之子述之則善繼人之志據周公以武王時未大平不得制禮作樂周公攝政六年大平乃制作禮樂爲善繼文王之制則尚書云考朕昭子刑乃單文祖德是也善述人之事者據武王能述父以伐紂之事則尚書序云惟十有一年武王伐殷是也云孝在三德之下三行之上德有廣於孝而行莫尊焉者欲見至德敏德五帝已上所行直明在心爲德而已不見其行孝德是三王已下所行德行兼見之矣故三德以孝德爲下故云德有廣於孝則至德敏德是二德廣於孝德也而行莫尊焉者三行之中孝行施於父母爲上順行友行施於外人爲下故云而行莫尊焉莫無也無尊於事父母也云國

子公卿大夫之子弟者此經直言國子案禮記王制云春秋教以禮樂冬夏教以詩書下文云王大子王子羣后之太子卿大夫元士之適子皆造焉故知國子之中有卿大夫之子也鄭不言王大子及元士之適子者略言之其實皆有也王制惟言大子適子不言弟鄭知兼有弟者大司樂及此下文皆云教國子弟連弟而言故鄭兼言弟也云師氏教之而世子亦齒焉學君臣父子長幼之道者此約文王世子文也案彼云行一物而三善皆得者惟世子而已其齒於學之謂也故世子齒於學國人觀之曰將君我而與我齒讓何也曰有父在則禮然然而衆知父子之道矣其一曰將君我而與我齒讓何也曰有君在則禮然然而衆著於君臣之義矣其三曰將君我而與我齒讓何也曰長長也然而衆知長幼之節矣是世子與國人學生齒焉之事案此經有至德敏德孝德老子亦有三等之德案老子道經云道可道非常道河上公云謂經術政教之道非自然長生之道常道當以無爲養神無事安民含光藏曜滅跡匿端不可稱以道又案德經云上德不德凡以有德河上公注云上德大古無名號之君德有無上故言上德不德言不以德教民因循自然其德不見故言不德是以有德者也又云下德不失德是以無德注云下德謂號謚之君德不及上德故言不失德以其德見其功稱

是以謂之無德又云失道而後德失德而後仁失仁而後義失義而後禮禮注云道衰德化德衰而仁愛見仁衰而忿爭明義衰而聘行玉帛又案握河紀堯曰皇道帝德非朕所專又中候義明云洞五九禮闕鄭注云闕止鄭過言五帝後洞三王之世其治各九百歲當以禮止過也案此諸文言之此至德覆燾持載含容之德同於天地與老子常道及上德不德爲一物皆是燧皇已上無名號之君所行故河上公云上德無名號之君所行也此敏德則老子云可道之道非常道下德不失德之德亦一也故河上公云政教經術有名號之君所行以其三皇五帝爲政皆須仁義順時故鄭云敏德仁義順時也若然老子云失道而有德失德而有仁者是三皇行可道之道五帝行下德不失德之德即堯云皇道帝德亦謂此道德於此經同爲敏德也其三王同行孝德耳其老子又云失德而有仁失仁而有義失義而有禮禮專據三王之時故云洞五九禮闕鄭若然仁義在禮前德後則五帝與三王俱有仁義故禮記云堯舜率天下以仁而民從之又云禹立三年百姓以仁遂焉是以仁義闕在五帝三王之間者也若然禮記云生乎今之世反古之道謂不行今之法全行古之道故非之也

居虎門之左司王朝虎門路寢門也王日視朝於路寢門外畫虎焉以明

勇猛於守宜也司猶察也察王之視朝若有善道可行者則當前以詔王○朝直遥反注及下皆同疏居虎至王朝○釋曰言師氏之官既知三德三行故居路門之左畫虎之處司察王朝若有善事可行者則前告王有所改爲也○注虎門至詔王○釋曰鄭知虎門是路寢門者其路寢庭朝及庫門外之朝非常朝之處司士所掌路門外是常朝日所朝之所經云司王朝明據此朝故鄭以路寢門外解之此即上文以美詔王之義也

掌國中失之事以教國子弟教之者使識舊事也中中禮者也失失禮者也故書中爲得杜子春云當爲得記君得失若春秋是也○中丁仲反注中中禮者同杜音得疏掌國至子弟○釋曰以其師氏知德行識其善惡得失故掌國家中禮失禮之事以教國之子弟國之子弟即王大子已下言弟即王庶子以其諸侯已下皆以適子入國學庶子不入故知也○注教之至是也○釋曰云教之使識舊事也者即中失之事是也云中中禮也又引子春之義從古書中爲得。謂得禮者中與得俱合於義故兩從之言若春秋者玉藻云動則左史書之言則右史書之是記君得失之事故云若春秋也此春秋即魯史是也謂記君之事也

凡國之貴遊子弟學

焉 貴遊子弟王公之子弟遊無官司者杜子春云遊當爲猶言雖貴猶學〔疏〕凡國至學焉○釋曰言凡國之貴遊子弟即上國之子弟言游者以其未仕而在學游暇習業○注貴遊至猶學○釋曰云王公之子弟者此即王制云王大子王子羣后之大子卿大夫元士之適子公即三公羣后卿大夫元士之子略言之也云遊無官司者官司則事繁不得爲游故鄭以無官司解之鄭既以游爲無官司又引子春游當爲猶言雖貴猶學者亦義得兩通故引之在下也

凡祭祀賓客會同喪紀軍旅王舉則從 舉猶行也故書舉爲與杜子春云當爲與謂王與會同喪紀之事○從才用反與音預下同〔疏〕凡祭至則從○釋曰祭祀則郊廟及山川社稷摠是也賓客謂諸侯及卿大夫來朝聘或在朝或在廟會同亦或在畿內或在畿外軍旅謂出畿外征伐王舉者舉行也此數事王行之時師氏則從以王所在皆須詔王以美道故也○注舉猶至之事○釋曰既訓舉爲行又引子春從故書爲與者亦義得兩通故亦引之在下也

聽治亦如之 謂王舉於野外以聽朝○聽治直吏反下同〔疏〕聽治亦如之○釋曰即上數事王所在皆有朝以聽治之故從王亦如上虎門之左同故云亦

如之使其屬帥四夷之隸各以其兵服守王之門外且蹕兵服旃布弓劍不同也門外中門之外蹕止行人不得迫王宮也故書隸或作肆鄭司農云讀爲隸○蹕音畢〔疏〕使其至且蹕○釋曰云使其屬者屬卽序官師氏中大夫之下有屬官上士二人并有府史胥徒之等使此人帥四夷之隸若秋官蠻隸之等各使四夷隸以其本國之兵器及其服以守王之門外以衛王并使蹕止行人故云且蹕也○注兵服至爲隸○釋曰云兵服旃布及弓劍者東方南方其服布其兵劍西方北方其服旃其兵弓矢云門外中門之外者案閽人掌中門之禁則中門內也人不得人明在中門之外朝在野外則守内列内列蕃營之在内者也其屬亦師四夷之隸守之如守王宮〔疏〕朝在至內列○釋曰云朝在野外卽上文聽治是也○注內列至王宮○釋曰云內列蕃營之在內者言蕃營之在內謂若司戈盾云及舍設蕃盾者也案司隸職云守野舍之厲禁上文云使其屬帥四夷之隸則二處皆帥四夷隸守之故云其屬亦帥四夷之隸守之如守王宮也

保氏掌諫王惡諫者以禮義正之文王世子曰保也者慎其身以輔翼之而歸諸道者也

〔疏〕保氏掌諫王惡○釋曰掌諫王惡者師氏掌三德三行以美道詔王保氏以師氏之德行審諭王王有惡則諫之故云掌諫王惡○注諫者至者也○釋曰云諫者以禮義正之者君臣王義故知諫者以禮義諫正王也引文王世子者彼亦是教世子法以教世子法保護王身同故引之以其保者是保安之義故使王謹慎其身而歸於道

而養國子以道乃教之六藝一曰五禮二曰六樂三曰五射四曰五馭五曰六書六曰九數乃教之六儀一曰祭祀之容二曰賓客之容三曰朝廷之容四曰喪紀之容五曰軍旅之容六曰車馬之容養國子以道者以師氏之德行審諭之而後教之以藝儀也五禮吉凶賓軍嘉也六樂雲門大咸大韶大夏大濩大武也鄭司農云五射白矢參連剡注襄尺井儀也五馭鳴和鸞逐水曲過

君表舞交衢逐禽左六書象形會意轉注處事假借諧聲也九數方田粟米差分少廣商功均輸方程贏不足旁要今有重差夕桀句股也祭祀之容穆穆皇皇賓客之容嚴恪矜莊朝廷之容濟濟蹌蹌喪紀之容涕涕翔翔軍旅之容闞闞仰仰車馬之容顛顛堂堂玄謂祭祀之容齊齊皇皇賓客之容穆穆皇皇朝廷之容濟濟翔翔喪紀之容纍纍顛顛軍旅之容暨暨詻詻車馬之容匪匪翼翼○馭音御德行下孟反下文及注同剡羊甚反注之樹反下同襃音讓本作讓諸音非差初佳反又初宜反下同重直龍反夕桀音的沈祥易反此二字非鄭注嚴如字又音儼濟子禮反蹌七良反闞呼檻反仰本又作卬五剛反濟皇上子禮反又音齊下于沈反又音往纍顛上律悲反下音田又如字暨其器反詻五格反匪芳非反

〔疏〕而養至教之○釋曰此道即上師氏三德三行故鄭云以師氏之德行審喻之乃教之六藝已下此乃保氏所專教也○注養國至翼翼○釋曰案文王世子云大傳審父子君臣之道以示之少傳奉世子以觀大傳之德行而審喻之之師也者教之以事而喻諸德者也保也者慎其身以輔翼之而歸諸道者也不云保氏以師氏之德行審喻之者鄭以義約之少傳既以大傳之德審喻之明保氏亦以師氏之德行審喻之可知故鄭言之耳云五禮吉凶賓軍嘉大宗

伯文六樂雲門已下大司樂文先鄭云五射白矢已下無正文或先鄭别有所見或以義而言之云白矢者矢在侯而貫侯過見其鏃白云參連者前放一矢後三矢連續而去也云剡注者謂羽頭高鏃低而去剡剡然云襄尺者臣與君射不與君並立襄君一尺而退云井儀者四矢貫侯如井之容儀也云五馭者馭車有五種云鳴和鸞者和在式鸞在衡案韓詩云升車則馬動馬動則鸞鳴鸞鳴則和應先鄭依此而言云逐水曲者無正文先鄭以意而言謂御車隨逐水勢之屈曲而不墜水也云過君表者謂若毛傳云褐纏旃以爲門裘纏質以爲槸間容握驅而入轚則不得入轂梁亦云艾蘭以爲防置旃以爲轅褐門以葛覆質以爲槷流旁握御轚者不得入是其過君表即褐纏旃是也云舞交衢者衢道也謂御車在交道車旋應於舞節云逐禽左者謂御驅逆之車逆驅禽獸使左當人君以射之人君自左射故毛傳云故自左膘而射之達于右腢爲上殺又禮記云佐車止則百姓田獵是也云六書象形之等皆依許氏說文云象形者日月之類是也象日月形體而爲之云會意者武信之類是也人言爲信止戈爲武會合人意故云會意■云轉注者考老之類是也類一首文意相受左右相注故名轉注云處事者上下之類是也人在一上爲上人在一下爲下各有其處事得其宜故名

處事也云假借者令長之類是也一字兩用故名假借也六曰云諧聲者即形聲一也江河之類是也皆以水爲形以工可爲聲但書有六體形聲實多若江河之類是左形右聲鳩鴿之類是右形左聲草藻之類是上形下聲婆娑之類是上聲下形圃國之類是外形内聲闕闠衡銜之類是外聲内形此聲形之等有六也依鄭義案孝經緯援神契三皇無文則五帝已下始有文字故說者多以蒼頡爲黃帝史而造文字起在黃帝於後滋益而多者也云九數者方田已下皆依九章筭術而言云今有重差夕桀句股也者此漢法增之馬氏注以爲今有重差夕桀夕桀亦是筭術之名與鄭異案今九章以句股替旁要則旁要句股之類也云祭祀之容穆穆皇皇至堂堂者皆是先鄭以意所釋不依經典故後鄭不從後鄭云祭祀之容齊齊皇皇賓客之容穆穆皇皇朝廷之容濟濟翔翔已上皆禮記少儀文喪紀之容纍纍顛顛軍旅之容暨暨詻詻禮記玉藻之文車馬之容匪匪翼翼亦少儀文故鄭少儀注還引此六儀以證彼也

凡祭祀賓客會同喪紀軍旅王舉則從聽治亦如之使其屬守王闈闈宮中之巷門○闈音韋〔疏〕凡祭至王闈○釋曰言亦如之巳上與師氏同

從王之事其屬守王闈者亦謂在國其師氏守中門外此保氏守王闈門

司諫掌糾萬民之德而勸之朋友正其行而強之道藝巡問而觀察之以時書其德行道藝辨其能而可任於國事者朋友相切磋以善道也強猶勸也學記曰強而弗抑則易巡問行問民間也可任於國事任吏職。強其丈反注同易以豉反【疏】司諫至事者釋曰以時書其德行道藝者此萬民時所習即大司徒所云以鄉三物教萬民一曰六德知仁聖義忠和二曰六行孝友睦婣任恤此德行也彼又云三曰六藝禮樂射御書數即此道藝也云辨其能而可任於國事者案鄉大夫職云興賢者能者賢謂德行能謂道藝彼則賢能俱興此直云辨其能可任於國事不言賢者既辨其能則賢者自然亦辨而舉之可知也。注朋友至吏職。釋曰案鄭注論語同門曰朋同志曰友則彼其其在學者切磋以道義此勸萬民爲友朋則若孟子所云守望相助出入相友者同故鄭云切磋以善道也云任吏職者案鄉大夫所舉者謂鄉民之有德行道藝云辨其能爲吏職者亦謂以人治之若然任吏職者謂使爲比長閭胥族師之類是也以攷鄉里之治以詔廢置以行赦宥因巡問勸強萬民而考鄉里吏民罪過以告王所當罪不○行下孟反注同疏注因巡至罪不○釋曰司諫考鄉里之治者由上文巡問即察官民善不也云而考鄉里吏民罪過者以巡問觀察萬民則知吏之治不故鄭兼吏民摠言之

司救掌萬民之衺惡過失而誅讓之以禮防禁而救之衺惡謂侮慢長老語言無忌而未麗於罪者過失亦由衺惡酗醟好訟若抽拔兵器誤以行傷害人麗於罪者誅誅責也古者重刑且責怒之未即罪也○救如字劉音拘衺似嗟反注作邪同酗況付反醟音詠好訟呼報反疏司救至救之○釋曰云掌萬民之衺惡過失而誅誅讓之者此經與下文二經爲摠目也則云衺惡謂坐嘉石之罷民不入圜土者過失謂不坐嘉石入圜土者也云而誅讓之者即下二文三讓是也云以禮防禁而救之者此衺惡及過失皆去冠飾其過失者又使入圜土耳云救之者皆使困苦而令改惡從善是救之也○注衺惡至罪

也○釋曰袤惡○云未麗於罪者謂未附於圜土之罪也云酗醟者孔注尚書曰以酒爲凶曰酗此據字酒旁爲凶是因酒爲凶者也若然醟者榮下作酉小人飲酒一醉日富亦因酒爲榮俱是酒之省水之字也云麗於罪者謂附圜土罪者也云古者重刑且責怒之未即罪也者鄭云古者重刑者據周時爲古云責解經詸怒之解經罰也云未即罪者各有所對此圜土對五刑之刑人則是未即罪也以其未入五刑之罪且役之耳鄭必知過失亦由袤惡者司寇職云以嘉石平罷民又云圜土收教罷民二者同名罷民以其爲惡大者皆因小以致大故知過失之重亦因袤惡之輕也

凡民之有袤惡者三讓而罰三罰而士加明刑恥諸嘉石役諸司空罰謂撻擊之也加明刑者去其冠飾而書其袤惡之狀著之背也嘉石朝士所掌在外朝之門左使坐焉以恥辱之旣而役諸司空使事官之作也坐役之數存於司寇○去起呂反著直略反一音丁略反

疏 凡民至司空○釋曰此一經論袤惡嘉石之罷民也云三讓而罰者凡欲治罰人者皆先以言語責讓之乃行治罰云三罰而士加明刑三罰旣訖乃送司寇使朝士於外朝坐嘉石恥之也云役諸司空者坐訖乃送司空使役之也

○注罰謂至司寇○釋曰云加明刑者去其冠飾者案司圜云凡害人者弗使冠飾彼據過失入圜土者但冠尊不居肉祖之體豈嘉石之罷民而著冠乎明其去冠飾也知書其罪狀。以其稱明刑旣不虧體明知書其罪狀著於背爲明刑也云嘉石朝士至外朝之門左並朝士職文故彼云左嘉石平罷民也云役諸司空使事官作之也者以其司空主事故也云坐役之數存於司寇者司寇云重罪旬有三日坐朞役其次九日坐九月役其次七日坐七月役其次五日坐五月役其下罪三日坐三月役是其坐役之數也

其有過失者三讓而罰三罰而歸於圜土

圜土獄城也過失近罪晝日任之以事而收之夜藏於獄亦如明刑以恥之不使坐嘉石其罪已著未忍刑之○近附近之近

［疏］其有至圜土○釋曰此經論圜土上三之刑人云三讓而罰者亦如上注度責讓乃治罰之三罰訖乃歸與司寇使納之圜土也○注圜土至刑之○釋曰云過失近罪者謂對衺惡未近罪此圜土之刑人近五刑之罪故入圜土也云晝日任之以事者亦使司空使之云收之者以其罪重使人收斂之不使漫游云夜藏於獄者此與嘉石者異云亦加明刑者亦如嘉石以書其罪狀著於背以恥之云不使坐嘉石其罪已著者彼坐嘉

石者罪輕未著須坐嘉石使衆人知之此等罪重已著不須坐嘉石也云未忍刑之者此五刑之罪又輕故未忍刑之也

凡歲時有天患民病則以節巡國中及郊野而以王命施惠天患謂烖害也節旌節也施惠賙恤之疏注天患至恤之○釋曰天患謂烖害也者謂天與人物爲烖害謂水旱之烖及疫病之害也知節是旌節者道路用旌節此經巡國及郊野是道路之事故知旌節也

調人掌司萬民之難而諧和之難相與爲仇讎諧猶調也疏調人至和之○釋曰此一經與下經爲總目言萬民之難即下經凡和難已下是也○注難相與爲仇讎○釋曰言仇讎者案左氏桓公傳云怨耦曰仇則仇是怨也讎謂報也即下文父之讎已下皆是怨當報之故云仇讎也

凡過而殺傷人者以民成之過無本意也成平也鄭司農云以民成之謂立證佐成其罪也一說以鄉里之民共和解之春秋傳曰惠伯成之之屬疏凡過至成之○釋曰此謂非故心是過誤攻殺或傷於人者成

平也既非故心故共鄉里之民共和解之○注過無至之屬
釋曰先鄭雖爲兩說後鄭以後說爲是故下注云上說立證
佐成其罪似非也此過失即司刺云再宥曰過失是也引春
秋者左氏文七年傳云魯穆伯娶於莒曰戴己其娣聲己戴
己卒又聘於莒莒人以聲己辭則爲襄仲聘焉又云且爲仲
迎及鄢陵登城見之美自爲娶之仲請攻之公將許之叔仲
惠伯諫曰臣聞兵作於內爲亂於外爲寇寇猶及人亂自及
也今臣作亂而君不禁以啓寇讎若之何公止之惠伯成之
注云平二子使仲舍之公孫敖反之復爲兄弟如初是其事也

鳥獸亦如之

過失殺傷人之畜產者○畜許又反【疏】鳥獸亦如之○釋曰亦謂過誤殺傷人之鳥獸若鷹隼牛馬之屬亦以民平和之案今殺傷人牛馬之等償其價直耳和之

凡和難父之讎辟諸海

使辟於此不得就而仇之

外兄弟之讎辟諸千里之外從父兄弟之讎不同國君之讎眂父師長之讎眂兄弟主友之讎眂從父兄弟

和之使辟於此不得就而仇之九夷八蠻六戎五狄謂之四海主大

夫君也春秋傳曰晉荀偃卒而視不可含宣子盥而撫之曰事吳敢不如事主○辟音避下同從才用反眡音視盥音管

【疏】凡和至兄弟○釋曰云父之讎辟諸海外已下皆是殺人之賊王法所當討即合殺之但未殺之間雖已會赦猶當使離鄉辟讎也是以父之讎辟之海外兄弟之讎辟諸千里之外從父兄弟之讎不同國別國即得云君之讎眡父者謂同國人殺君眡猶比比父亦辟之海外云師長之讎眡兄弟者師長謂見受業師與兄弟同云主友之讎眡從父兄若注云主大夫君也此經略言其不言者一皆以服約之伯叔父母姑姊妹女子子在室及兄弟子衆子一與兄弟同其祖父母曾祖父母高祖父母其孫承後皆斬衰皆與父同其不承後者祖與伯叔同曾祖高祖齊衰三月皆與從父兄弟同以其同繩屨故也自外不見者據服爲斷也其兄弟及從父兄弟師長主友皆爲無子復無親於已者故據已親疏爲遠近若有子及親於已則自從親爲斷○注和之至事主○釋曰云和之使辟於此者此謂海外千里外之等云九夷之等據職方明堂位而言案漢時徐州刺史荀文若問玄周禮父之讎辟之海外今青州人讎在遼東可以王法縱不討乎當問之時玄已年老昏耄忽忘九夷八蠻六戎五狄謂之四海然則周禮在四海之外許之如是亦是遠矣近則青州遼東

作難未達周公聖意所趣若文若之難海水爲四海故今辨之然雠近東夷之人嘗辟之西戎餘皆放此引春秋者襄十八年左氏晉荀偃伐齊十九年反荀偃癉疽生瘍於頭濟河及著雍病目出士匄請見不納請後曰鄭甥可甲寅卒而視不可含宣子盥而撫之曰事吳敢不如事主是也趙商問調人職稱父之雠辟諸海外君亦然注使辟於此不得就而雠之商以春秋之義子不復讐非子臣不討賊非臣楚勝之徒猶言鄭人在此雠不遠矣不可以見雠而不討於是伐之臣感君恩孝子思其親不得不報和之而已子夏曰居父母之仇如之何孔子曰寢苫枕干不仕不與共天下遇諸市朝不反兵天下尙不反兵海内何爲和之豈宜不達二禮所趣小子曰惑少蒙解說鄭荅曰雠在九夷之東八蠻之南六戎之西五狄之北雖有至孝之心能往討不乎子之所云偏於此義案楚勝平王之孫子木之子平王爲子木聘女於秦而自納之子木奔鄭子木爲鄭人殺之案哀十六年云子木其子勝在吳子西召之使處境爲白公請伐鄭子西曰楚未節也不然吾不忘也他日又請許之未起師晉人伐鄭楚救之與盟勝怒曰鄭人在此雠不遠矣又云秋七月殺子西子期于朝是其事也若然鄭云雖有至孝之心能往討之不乎者欲明孝子雖會赦恒有復雠之心故逆之海外使絶忠臣孝子心

使無往之緣其孔子云寢苦枕干不仕者可通之會赦之後恒然其君亦然恐來入中國則殺之也復讎之法依異義古周禮說復讎可盡五世五世之內五世之外施之於已則無義施之於彼則無罪所復者惟謂殺者之身乃在被殺者子孫可盡五世得復之鄭從之也

弗辟則與之瑞節而以執之

瑞節玉節之剡圭也○和之而不肯辟者是不從王命也王以剡圭使調人執之治其罪

〔疏〕弗辟至執之○釋曰此經使辟者其人戀鄉不肯辟是違王命之大則在上與調人節執而付秋官與之罪也○注瑞節至其罪○釋曰鄭知瑞節是玉圭者案典瑞云玉圭以和難故知是玉圭也鄭又知使調人執瑞節不使死家執之者此王法知之明使調人之官執之也

凡殺人有反殺者使邦國交讎之

反復也復殺之者此欲除害弱敵也邦國交讎之明不和諸侯得者即誅之鄭司農云有反殺者謂重殺也○重直用反

〔疏〕凡殺至讎之○釋曰云有反殺者反復也謂既殺一人其有子弟復殺之恐後與己爲敵而害己故鄭云欲除害弱敵也云邦國交讎之者其殺人者或[illegible]向鄰國所之之國得則讎之故云[illegible]國交讎之也

凡殺人而義者不

同國令勿讎讎之則死義宜也謂父母兄弟師長嘗辱焉而殺之者如是爲得其宜雖所殺者人之父兄不得讎也使之不同國而已〔疏〕注義宜至而已○釋曰論語云見義不爲無勇也彼義則此有義者也故云義宜也謂父母兄弟師長三者嘗辱焉子弟及弟子則得殺之是得其宜也云雖所殺者人之父兄不得讎也者直言父兄不言子弟略之也古者質故三者被辱即得殺之也

凡有鬭怒者成之不可成者則書之先動者誅之鬭怒辨訟者也不可成不可平也書之記其姓名辨本也鄭司農云成之謂和之也和之猶令。二千石以令解仇怨後復相報移徙之此其類也玄謂上言立證佐成其罪似非○復扶又反下不復聽同〔疏〕凡有至誅之○釋曰言鬭怒則是言語忿爭未至毆擊故成之若相毆擊則當罪之也故鄭云鬭怒謂辯訟也○注玄謂至似非○釋曰云上言立證者即經云過而殺傷人者以民成之司農於彼注兩解之初解成謂立證佐成其罪復一解成爲和平之義此注先鄭復云成之謂和之以和解成則上文云立證佐成其罪似非取以破前也媒氏掌萬民之判判半也得耦爲合主合其半成夫婦也喪服傳曰夫妻判合鄭司農云主萬民之判合〔疏〕注判半至判合○釋曰云得耦爲合者始雖以萬民爲主上至天子皆得耦爲合主於萬民而言但士以上兼妾媵爲異耳引喪服傳者證判爲合義凡男女自成名以上皆書年月日名焉鄭司農云成名謂子生三月父名之○上時掌反〔疏〕凡男至名焉○釋曰此經論媒氏之官合男女必先知男女年幾故萬民之男女自三月父名之以後皆書年月日及名以送與媒氏媒氏官得之以勘男二十女二十配成夫婦也○注成名至名之○釋曰子生三月父名之禮記內則文案內則三月之末父執子右手孩而名之又云夫告宰名宰辯告諸男名書曰某年某月某日某生而藏之注引桓六年九月丁卯子同生是也令男三十而娶女二十而嫁二三者天地相承覆之數也易曰參天兩地而奇數焉○奇於豈反本或作倚音同〔疏〕注二三至數焉○釋曰云二三者天地相承覆之數也者比二十女三十男法天地相承覆之數也云易曰參天兩地而奇數焉者案易繫辭云天一地二天三地四天五地

六是就奇數之中天三度生地二度生象
天二覆地二故云天地相承覆之數也

凡娶判妻入子者皆書之

書之者以別未成昏禮者鄭司農云入子
者謂嫁女者也玄謂言入子者容媵姪娣
不聘之者○別
彼列反下同
以嬪之○注書之至之者○釋曰媒氏以男女旣有未成昏

〔疏〕凡娶至書之○釋曰云凡者以其此經
總說天子已下娶妻及媵之事故云凡

之籍書其已成昏者以別未昏以待後昏也先鄭云入子者
謂嫁女後鄭不從者經判妻已是嫁女後更言入子明非嫁
女也故後鄭云玄謂言入子者容媵姪娣不聘之者也案成
公九年春二月伯姬歸于宋夏晉人來媵是媵也姪娣而書
者謂待年於父母者也隱二年冬伯姬歸于紀七年春三月
叔姬歸于紀何休云叔姬者伯姬之媵也至是乃歸者待年
父母國也婦人八歲備數十五從嫡二十承事君子媵賤書
者後爲嫡終有賢行鄭君或與何休異如是言娶判妻姪娣
後去者則存焉故入子謂媵與姪娣後去者也案昏禮云雖
無娣媵先則媵與姪娣一也此鄭云媵姪娣不止是一者旣
言媵又云姪娣故知別且媵與姪娣相對則姪娣無媵稱故
莊公十九年秋公子結媵陳人之婦于鄄公羊云媵者何諸
侯娶一國則二國往媵之以姪娣從是其義也媒氏掌萬民

之判得有媵與姪娣者庶人或無妾亦容有者且媒氏所掌雖以萬民爲主亦容有尊者娶法故鄭云容媵姪娣不聘也知不聘者見內則云聘則爲妻奔則爲妾故也王肅曰周官云令男三十而娶女二十嫁謂男女之限嫁娶不得過此也三十之男二十之女不待禮而行之所奔者不禁娶何三十之限前賢有言丈夫二十不敢不有室女子十五不敢不有其家家語魯哀公問於孔子男子十六精通女子十四而化是則可以生民矣聞禮男三十而有室女二十而有夫豈不晚哉孔子曰夫禮言其極亦不是過男子二十而冠有爲人父之端女子十五許嫁有適人之道於此以往則自昬矣然則三十之男二十之女中春之月者所謂言其極法耳馬昭曰禮記本命曰中男三十而娶女二十而嫁合於中節大古男五十而有室女三十而嫁尚書大傳曰孔子曰男三十而娶女二十而嫁通於織紝紡績之事黼黻文章之美不若是則上無以孝於舅姑而下無以事夫養子穀梁傳曰男子二十而冠冠而列丈夫三十而娶尹更始云男三十而娶女十五許嫁笄二十而嫁曲禮三十曰壯有室盧氏云三十盛壯可以娶女內則三十而有室始理男事女子十五笄二十而嫁有故二十三而嫁經有夫婦之長殤舊說三十而娶而有夫婦長殤者何關盛衰一說關畏厭溺而傷之盧氏以爲衰世

之禮也張融從鄭及諸家說又春秋外傳越王勾踐蕃育人民以速報吳故男二十而娶女子十七而嫁如是足明正禮男不二十娶女不十七嫁可知也

中春之月令會男女

中春陰陽交以成昏禮順天時也

疏 中春至男女○釋曰王肅論云吾幼爲鄭學之時爲謬言尋其義乃知古人可以於冬自馬氏以來乃因周官而有二月詩東門之楊其葉牂牂毛傳曰男女失時不逮秋冬三星參也十月而見東方時可以嫁娶又云時尙暇務須合昏因萬物閉藏於冬而用生育之時娶妻入室長養之母亦不失也孫卿曰霜降逆女冰泮殺止詩曰將子無怒秋以爲期韓詩傳亦曰古者霜降逆女冰泮殺止士如歸妻迨冰未泮爲此驗也而玄云歸使之來歸於己謂請期時來歸之言非請期之名也或曰親迎用昏而曰旭日始旦何用哉詩以鳴雁之時納采以感時而親迎而周官中春令會男女之無夫家者於是時奔者不禁則昏姻之期非此日也孔子家語曰霜降而婦功成嫁娶者行焉冰泮而農業起昏禮殺於此又曰冬合男女秋班時位也詩曰有女懷春吉士誘之春日遲遲女心傷悲綢繆束芻三星在隅我行其野蔽芾其樗倉庚于飛熠燿其羽詩殷頌曰天命玄鳥降而生商月令仲春玄鳥至之日以大牢祠于高禖天子親往玄鳥

生乳之月以爲嫁娶之候天子重之而祀焉凡此皆與仲春
嫁娶爲候者也夏小正曰二月冠子嫁女娶妻之時秋以爲
期此淫奔之詩夏小正曰二月綏多士女交昏於仲春易泰
卦六五帝乙歸妹以祉元吉鄭說之五爻辰在卯春爲陽中
萬物以生生育者嫁娶之貴仲春之月嫁娶男女之禮福祿
大吉易之咸卦柔上剛下二氣感應以相與皆說男下女召
南草蟲之詩夫人待禮隨從在塗見采蕨者以詩自興又云
士如歸妻迨冰未泮舊詩云士如歸妻我尚及冰未定納其
篇義云嫁娶以春陽氣始生萬物嫁娶亦爲生類故管子篇
時令云春以令男女融謹案春秋魯送夫人嫁女四時通用
無譏文然則孔子制素王之法以遺後世男女以及時盛年
爲得不限以日月家語限以冬不附於春秋之正經如是則
非孔子之言嫁娶也以仲春著在詩易夏小正之文且仲春
爲有期之言秋冬春三時嫁娶何自違也家語冬合男女窮
天數之語詩易禮傳所載咸泰歸妹之卦國風行露綢繆有
女懷春倉庚于飛熠燿其羽春日遲遲樂與公子同歸之歌
小雅我行其野蔽芾其樗之歎此春娶之證也禮諸侯越國
娶女仲春及冰未散請期乃足容往反也秋如期往淫奔之
女不能待年故設秋迎之期摽有梅之詩殷紂暴亂娶失其
盛時之年習亂思治故戒文王能使男女得及其時陳晉棄

周禮爲國亂悲傷故刺昏姻不及仲春玄說云嫁娶以仲春旣有羣證故孔晁曰有女懷春毛云春不暇待秋春日遲遲女心傷悲謂蠶事始起感事而出○蔽芾其樗喻愚惡夫熠燿其羽喻嫁娶之盛飾三星在隅孟冬之月參見東方舉正昏以刺時此雖用毛義未若鄭云用仲春爲正禮爲密也是以詩云匏有苦葉濟有深涉箋云匏葉苦而渡處深謂八月時時陰陽交會始可以爲昏禮納采問名又云士如歸妻迨冰未泮箋云歸妻使之來歸於己謂請期冰未散正月中以前二月可以爲昏然則以二月爲得其實惟爲有故者得不用仲春

於是時也奔者不禁重天時權許之也

疏 注重天至之也○釋曰云於是時謂是仲春時此月旣是娶女之月若有父母不娶不嫁之者自相奔就亦不禁之但人而無禮胡不遄死以當禮乃可得爲配言奔者不禁者鄭云權許之其實非正禮也

若無故而不用令者罰之無故謂無喪禍之變也有喪禍者娶得用非中春之月雜記曰己雖小功旣卒哭可以冠子娶妻○冠古喚反

疏 注無故至娶妻○釋曰言令者即上中春之月令會男女男女有喪禍之故得不用中春令無故不用令則罪罰之也注引雜記者證喪禍之故於月數滿雖非中

春可以嫁娶也云已雖小功者彼上文有父小功之末可以冠娶故云已雖小功也

司男女之無夫家者而會之司猶察也無夫家者謂男女之鰥寡者〔疏〕司男至會之○釋曰上文已云合會男女謂無夫家者也今又言司察男女無夫家是省己有匹配故鄭云無夫家謂男女之鰥寡者也

凡嫁子娶妻入幣純帛無過五兩純實緇字也古緇以才爲聲納幣用緇婦人陰也凡於娶禮必用其類五兩十端也必言兩者欲得其配合之名十者象五行十日相成也士大夫乃以玄纁束帛天子加以穀圭諸侯加以大璋雜記曰納幣一束束五兩兩五尋然則每端二丈○純則其反依字從系才〔疏〕注純實至二丈○釋曰凡嫁子娶妻含尊卑但云緇帛文主庶人耳注純實緇字也古緇以才爲聲者緇以絲爲形才爲聲故誤爲純字但古之緇有二種其緇布之緇系旁甾後不誤故禮有緇布冠緇布衣存古字若以絲帛之緇則系旁才此字諸處不同絲理明者即破爲色此純帛交祭義蠶事以爲純服故論語云麻冕禮也今也純儉如此之類皆絲理自明即爲色解之昏禮云女次純衣鄭云純衣絲衣以昏禮直云純衣絲理不明故爲絲衣解之也云五兩十端者古者二

端相向卷之共爲一兩五兩故十端也云十者象五行十日相成者左傳云天有六氣降生五行行各有二日東方木爲甲乙南方火爲丙丁中央土爲戊已西方金爲庚辛北方水爲壬癸是十日言相成者木八爲金九妻火七爲水六妻土十爲木八妻金九爲火七妻水六爲土五妻所尅者爲妻是夫妻相成之數云士大夫乃以玄纁束帛者案士昏禮玄纁束帛大夫昏禮而有改娶者依士禮用玄纁故云士大夫用玄纁云天子加以穀圭諸侯加以大璋者玉人文謂加於玄纁束帛之上以行禮引雜記者證五兩兩五尋四十尺之意云納幣一束束五兩兩五尋者尋八尺則一兩四十尺五兩四五二十揔二百尺故鄭玄云然則每端二丈若餘行禮則用制幣丈八尺取儉易共此昏禮每端二丈取誠實之義故以二丈整數爲之也

禁遷葬者與嫁殤者遷葬謂生時非夫婦死既葬遷之使相從也殤十九以下未嫁而死者生不以禮相接死而合之是亦亂人倫者也鄭司農云嫁殤者謂嫁死人也今時娶會是也

【疏】禁遷至殤者○釋曰遷葬謂成人鰥寡生時非夫婦死乃嫁之嫁殤者生年十九已下而死死乃嫁之不言殤娶者舉女殤男可知也

凡男女之陰訟聽之于勝國之社

其附于刑者歸之于士陰訟爭中冓之事以觸法者勝國亡國也亡國之社奄其上而棧其下使無所通就之以聽陰訟之情明不當宣露其罪不在赦宥者直歸士而刑之不復以聽士司寇之屬詩云牆有茨不可埽也中冓之言不可道也所可道也言之醜也○冓古候反棧士板反劉才產反或士諫反茨音疾私反

疏注陰訟至醜也○釋曰云陰訟爭中冓之事者謂若詩之中冓以觸法也云勝國亡國也者此社有四名若此往勝得彼國將社來謂之勝國即此文是也若據彼國喪亡則謂之亡國之社引公羊傳者是也又名喪國之社郊特牲云喪國之社必屋之是也據其地則曰亳社則左傳云亳社烖是也故云勝國亡國也故鄭引公羊傳云勝國亡國也云亡國之社者公羊傳文云奄其上者即郊特牲屋之不受天陽者是也云棧其下者謂於下著柴以棧之使不通陰故也故云使無所通也云就之以聽陰訟之情明不當宣露者以其勝國社上下不通是不宣露中冓之言亦不宣露故就而聽之也若然案詩召伯聽男女之訟於小棠之下不在勝國社者彼謂周公未制禮前此據制禮之後故不同云其罪不在赦宥者直歸士而刑之不復以聽釋經附於刑者歸於士若然。赦宥者媒氏聽之云士司寇之屬者案司寇有士師之

等屬司寇故云之屬是以鄭注詩亦云士師所當審也詩者邶詩刺衛宣公之詩引之者證經所聽者是中冓之言也○

司市掌市之治教政刑量度禁令量豆區斗斛之屬度丈尺也○治直吏反下及大治小治同區烏侯反【疏】司市至禁令○釋曰此經與下文爲揔目云掌市之治者下文云聽大治小治是也教即此下文以次叙分地之等謂教之處置貨物是也政者即下文云以政令禁物靡等是也刑者即下文云以刑罰禁虣是也量度即下文云以量度成賈是也禁令者即下文云以賈民禁僞是也○注量豆至尺也○釋曰豆區斗斛之屬者豆區即昭三年晏子云齊舊四量豆區釜鍾是也云斗斛即律歷志云籥合升斗斛是也此不言釜鍾與籥升者之屬中兼之也

以次敘分地而經市次謂吏所治舍思次介次也若今市亭然敘肆行列也經界也○行戶剛反下行列同【疏】以次至經市○釋曰司市之官以次敘二事分地而置之而以經界其市使各有處所不相雜亂也○注次謂至界也○釋曰云次謂吏所治舍者吏即下文司市賈師泚思次介次者是也云若今市亭然者舉漢法而言云敘肆行列也者以其言敘即行肆之列故爲行列解之案內宰職云設

其次置其敍正其肆注云次思次敍介次不爲行列與此注違者彼云次與敍下更云正其肆則肆爲行列故分次爲思次以敍爲介次也此文不具直有次敍無言正其肆故并思次同名爲次敍爲行列此鄭望文爲義故注不同 以陳肆辨物而平市 陳猶列也辨物物異肆也肆異則市平 疏 以陳至平市○釋曰陳列也謂行列其廛肆而辨其物物異則市賈平故云平市也 以政令禁物靡而均市 物靡者易售而無用禁之則市均鄭司農云靡謂侈靡也○易以豉反下之易同售受又反 疏 釋曰司市出政令而禁其物貨細靡者但物貨細靡人買之者多貴而無用令使麤物買之者少而賤使市賈不平令禁之則市物均平故云均市也 以商賈阜貨而行布 通物曰商居賣物曰賈阜猶盛也鄭司農云布謂泉也○賈音古注曰賈下商賈賈師皆同 疏 以商至行布○釋曰鄭知通物曰商者易云至日閉關商旅不行除至之日商旅則行故鄭注大宰云行曰商行商則是通物者也鄭知居賣物曰賈者商既通物明賈則在市而居賣物者也故鄭注大宰云處曰賈也由此二等商賈或通貨或在市賣之故貨賄阜盛而布泉得行故云阜

貨而行**以量度成賈而徵儥**徵召也儥買也物有定賈則買者來也○成賈
布也
音嫁注下不音者皆同聶氏及沈云成賈定賈莫物賈其賈
平大賈小賈賈賤恒賈而故賈凡十二音嫁餘音古儥劉音
育聶氏音笛 疏 以量至徵儥○釋曰量以量穀粱之等度
字林他竺反 以度布絹之等成定也二物以量度以定
物賈徵召也儥買之物賈定則召買者來故云徵儥也○注
徵召也儥買也物有定賈則買者來也○釋曰知儥爲買者
以言徵召買者故以儥爲買此字所訓不定案下文所**以**
云貴儥者鄭注貴賣之鄭亦望文爲義故注不同也

質劑結信而止訟質劑謂兩書一札而別之也若今下手書言保物要還矣鄭司農云
質劑月平○劑子隨反 疏 以質至止訟○釋曰質劑謂券
平皮命反下月平同 書恐民失信有所違負故爲券
書結之使有信也民之獄訟本由無信既結信則無訟故云
止訟也○注質劑至月平○釋曰下質人云大市以質小市
以劑故知質劑是券書是以鄭云兩書一札而別之古者未
有紙故以札書小宰職注云兩書一札同而別之此不云同
明亦有同義也鄭云若令下手書者漢時下手書即今畫指
券與古質劑同也先鄭云質劑月平小宰先鄭注亦如此解

以爲月平若今之市估文書亦得爲一義故後鄭每引之在下也　**以賈民禁僞而除詐**賈民胥師賈師之屬必以賈民爲之者知物之情僞與實詐○賈民劉音嫁聶沈音古注賈民同　疏　以賈至除詐○釋曰司市之官用賈民知物眞僞者使禁物之僞而除去人之詐虛也○注賈民至實詐○釋曰知賈民是胥師賈師之屬者案下胥師職云察其詐僞飾行儥慝者而誅罰之故知此賈民禁僞是胥師賈師之屬謂屬胥師賈師受其役使也云知物之情僞與實詐者直依經解之情則眞也情僞旣據物而言則言實詐據人而說也

以刑罰禁虣而去盜刑罰憲徇扑○虣薄報反去起呂反扑普卜反下文同　疏　以刑至去盜○釋曰刑期於無刑以殺止殺故以刑罰禁虣亂之人又去其相盜竊也○注刑罰憲徇扑○釋曰知刑罰是憲徇扑者司市所施惟施於市中者故下云小刑憲罰中刑徇罰大刑扑罰其附於刑者歸於士故知惟有此三者也

以泉府同貨而斂賖同共也同者謂民貨不售則爲斂而買之民無貨則賖貰而予之○賖傷蛇反共如字爲于僞反下爲民同貰音世貸也劉傷夜反一時夜反　疏　以泉至斂賖○釋曰下文有泉

府職掌於市之罰布之等藏之今司市之官以泉府所藏之布物與民同行其貨而民無財者賖而予之後斂取其直故云同貨而斂賖也○註同其至予之○釋曰云同者謂民貨不售則爲斂而買之者民賣物不售則以泉府之物買取之釋經同貨也民無貨則賖貰而予之者此謂所買得之物民有急須而無貨者則貰予之有時斂取其直釋經斂賖也但賖貰二字通用也

大市日昃而市百族爲主朝市朝時而市商賈爲主夕市夕時而市販夫販婦爲主

日昃昳中也市雜聚之處言主者謂其多者也百族必容來去商賈家於市城販夫販婦朝資夕賣因其便而分爲三時之市所以了物極衆鄭司農云百族百姓也○昃音側本又作昗販方萬反便皮面反

【疏】大市至爲主○釋曰案下文市朝一夫各方百步就百步而分爲三時之市恐不可若然則一夫者據市亭置次與敘司市及賈師胥師聽事之處取其列行肆之處則居地多矣今經有三時之市不先言朝市夕市而先言日昃者據向市人多而稱大市故先言之此三市皆於一院內爲之大市於中朝市於東偏夕市於西偏郊特牲所云是也○注日昃至姓也○釋曰

云日昃昳中也者昃者傾側之義昳者差昳之言故以昳解昃也是以尙書無逸云文王至於日中昃不遑暇食是中後稱昃也云市雜聚之處言主者謂多者也者謂言百族爲主則兼有商賈販夫販婦云商賈爲主則兼有百族販夫販婦云販夫販婦爲主則兼有百族與商賈也云百族必容來去者百族或在城內或在城外者容其來往故於日昃以後主之云商賈家於市城者行曰商居曰賈即賈家於市令并言者其商雖行通物亦容於市也云朝資夕賣者資若冬資絺夏資綌之類則資者朝買資之至夕乃賣故以資言之云所以了物極衆者以分爲三市者欲了其所賣之物極盡其衆也先鄭云百族百姓也者欲見此百姓異於秋官司寇戒於百族彼百族是府史以下此據市人稱百族明據天下百姓亦非百官百姓對則正姓與氏族異通而言之氏族則庶姓故以百姓爲百族

凡市入則胥執鞭度守門市之羣吏平肆展成奠賈上旌于思次以令市市師涖焉而聽大治大訟胥師賈師涖于介次而聽小治小訟凡市入謂三時之市市者入也胥守

門察僞詐也必執鞭度以威正人衆也度謂殳也因刻丈尺耳羣吏胥師以下也平肆平賣物者之行列使之正也展之言整也成平也會平成市物者也奠讀爲定整勑會者使定物賈防誑豫也上旌者以爲衆望也見旌則知當市也思次若今市亭也市師司市也介次市亭之屬別小者也故書涖作立杜子春云奠當爲定鄭司農云思辭也次市中候樓也立當爲涖涖視也玄謂思當爲司字聲之誤也○奠注音定又田見反上時掌反注同殳音殊誑九況反

疏　凡市至誤也○釋曰鄭知凡市入是上三時之市者以其言凡明揔三時之市云胥守門察僞詐也者以其執度之故也云必執鞭度以威正人衆也者鞭以威人衆度以正人衆故并言之也云度謂殳也者案下文廬人云轂兵同强注云改句言轂容殳無刃此文鞭度連言則一物以爲二用若以繫鞘於上則爲鞭以長丈二因刻丈尺則爲度知羣吏胥師以下者以見下司稽職云執鞭度而巡其前此亦執鞭度故知是胥師以下敍官云胥師二十肆則一人胥二肆則一人鄭云胥師領羣胥則胥師已下非直巡行肆亦更來守門故鄭揔云胥師以下知平肆是平賣物者之行列使之正者以是經直云平肆肆是行列恐其行肆不正以正之也云展之言整也成平也會平成市物者也云奠讀爲定者鄭以爲平成市整勑

會者使定物價恐有豫爲誑欺故云防誑豫先鄭云思辭也後鄭以爲思則司字聲之誤也者下云介次不爲辭明思不得爲辭直是思司聲同故誤爲思也此思司聲同不得爲字誤今有本云字聲之誤兼有字者讀當云思當爲司字字絶讀之乃合義也

凡萬民之期于市者辟布者量度者刑戮者各於其地之敘期謂欲賣買期決於市也量度者若今處斗斛及丈尺也故書辟爲辭鄭司農云辭布辭訟泉物者也玄謂辟布市之羣吏考實諸泉入及有遺忘

疏凡萬至之敘○釋曰云凡萬民之期于市有此已下三事有辟布者及量者刑戮者各於其地之敘則諸物行肆之所也○注期謂至遺忘○釋曰云期決於市也者謂人各自爲期限使了市事於市也云若今處斗斛及丈尺者謂斗斛處置於米粟之肆處置丈尺於絹布之肆案前注量豆區斗斛此中不云豆區前注廣解量名此略云市所用故注不同案律歷志度量衡皆起於黃鍾之律故彼云以子穀秬黍中者一黍一分九十黍黃鍾之長則一黍爲一分十分爲寸十寸爲尺十尺爲丈十丈爲引五度審矣又云子穀秬黍中者千二百黍其實一籥十籥爲合十合爲升十升爲斗十斗爲斛五量嘉矣先鄭從故書辟布爲

辭訟之布後鄭不從而爲羣吏考實諸泉入者若辭訟之布當歸其本主何得各有○地之敘乎明不得爲辭訟之布也云考實諸泉入者辟法也謂民將物來於肆賣者肆長各考量物數得實稅入於市之泉府知民將物來於市有稅者案下文云國凶荒市無征明不凶荒有征矣其實者則宜置於地之敘欺者沒入官是其法也云及有遺忘者謂羣吏考實泉之處有遺忘者便歸令本主識認之下文得貨賄六畜之等是依列肆失者與此文別也

凡得貨賄六畜者亦如之三日而舉之

得遺物者亦使置其地貨於貨之肆馬於馬之肆則主求之易也三日而無職認者舉之沒入官

〈疏〉凡得至舉之○釋曰此謂在列肆遺忘闌失者吏各歸本肆吏主識認取之

凡治市之貨賄六畜珍異亡者使有利者使阜害者使亡靡者使微

利利於民謂物實厚者害害於民謂物行苦者使有使阜起其賈以徵之也使亡使微抑其賈以卻之也侈靡細好使富民好奢微之而已鄭司農云亡者使有無此物則開利其道使之有○物行遐孟反又如字聶胡剛反苦音古卻起略反好呼報反

〈疏〉注利

利至之有。釋曰云使有使阜者揔釋經亡者利者云起其賈者謂增起其賈引物自然來故使有使阜盛也云微之而已謂少抑其賈使微少不絕而已先鄭云亡者使有無此物則開利其道使之有與後鄭起其賈義異引之者義得兩通故後鄭亦從之也

凡通貨賄以璽節出入之璽節印章如今斗檢封矣使人執之以通商以出貨賄者王之司市也以內貨賄者邦國之司市也

［疏］凡通至入之。釋曰金玉曰貨布帛曰賄其璽節餘物亦通而直云通貨賄者以物之貴及民之所用多者莫過貨賄故舉以言之無妨餘物亦通之。注璽節至市也。釋曰云璽節印章如金斗檢封矣者案漢法斗檢封其刑方上有封檢其內有書則周時印章上書其物識事而已云使人執之以通商者以其商旅主通貨賄故知執璽節者是通商也云出貨賄者王之司市也者以其商旅買貨賄於市以出向邦國故知是王之司市給璽節也云內貨賄者邦國之司市也者以其貨賄從邦國來當入王畿故知還是邦國之司市給璽節也此經直云入之鄭雖云內貨賄者邦國之司市亦容有從畿內入市者故下掌節云貨賄用璽節鄭云變司市言貨賄者貨賄非必由市或資於民家若然商資於民家得出向邦國若資於民家亦容入來向王市

賣之則璽節受之於門關矣國凶荒札喪則市無征而作布有災害物貴市不稅爲民乏困也金銅無凶年因物貴大鑄泉以饒民〔疏〕國凶至作布○釋曰凶荒謂年穀不熟札謂疫病喪謂死喪恤其乏困故市無征也○注金銅無年○釋曰以其凶年穀則貴金銅凶年亦賤故云無凶年是以諺云豐年粟儉年玉因云物貴者其物止謂米穀餘物並賤也凡市僞飾之禁在民者十有二在商者十有二在賈者十有二在工者十有二鄭司農云所以俱十有二者工不得作賈不得粥商不得資民不得畜玄謂王制曰用器不中度不粥於市兵車不中度不粥於市布帛精麤不中數幅廣狹不中量不粥於市姦色亂正色不粥於市五穀不時果實未熟不粥於市木不中伐不粥於市禽獸魚鱉不中殺不粥於市亦其類也於四十八則未聞數十二焉○賈音古注同粥音育下同中丁仲反下同狹音洽數色主反〔疏〕凡市至有二○釋曰云凡僞飾之禁此與在民以下爲揔目故云凡以廣之○注鄭司至二焉○釋曰先鄭云所以俱十有二者工不得作以下云云謂民與商賈及工

四者皆同十二云工不得作者工匠主營作故云不得作云賈不得粥者以其處曰賈賈主賣粥故云不得粥云商不得資者商主通貨賄貨賄皆當豫資財故云不得資云民不得畜者萬民非作非粥非資故以畜聚而言也玄謂王制曰用器不中度不粥於市者案彼鄭注云用器弓矢耒耜耒耜長六尺弓長六尺六寸之等矢長三尺之類皆有長短度數也云兵車不中度不粥於市者案考工記輪人爲兵車乘車之輪崇六尺六寸成出革車一乘出於民閒故民亦有粥兵車之法云布帛精麤不中數廣狹不中量不粥於市布之精麤謂若朝服十五升斬衰三升齊衰有三等或四升或五升或六升大功已下有七升八升九升小功有十升十一升十二升緦麻有十五升抽去半其帛之升數禮無明文云廣狹不中量者布幅則廣二尺二寸共繒幅則依朝貢禮廣二尺四寸云姦色亂正色不粥於市者論語孔子惡紫之奪朱則朱是南方正色紫是北方姦色紫奪朱色是姦色亂正色故孔子惡之若然自餘四方皆有姦色正色若紅綠及碧等皆有亂正色之義也云五穀不時果實未熟不粥於市鄭彼注云皆謂不利人木不中伐不粥於市者鄭彼注引山虞職云仲冬斬陽木仲夏斬陰木以爲證是非此時則木不中伐云禽獸魚鼈不中殺不粥於市者案鼈人職云秋獻鼈蜃冬獻龜魚案禮記

王制云獺祭魚然後虞人入澤梁豺祭獸然後殺是殺禽獸魚鱉之時得粥於市非此時則不可也云亦其類也者王制所云不中度之類是在上者不中數不中量姦色亂正色是在商者不時及未熟是在農者此等亦兼有在賈者故云亦其類也云於四十八則未聞數十二者王制之文從用器爲一兵車爲二布三帛四姦色五五穀六果實七木八禽九獸十魚十一鼈十二是聞之十二矣於四十八則未聞三十六故云未聞數十二也

市刑小刑憲罰中刑徇罰大刑扑罰其附于刑者歸于士

徇舉以示其地之衆也扑撻也鄭司農云憲罰播其肆也故書附爲柎杜子春云當爲附○柎劉方符反沈音附〔疏〕市刑至于士○釋曰附於刑者歸於士者此刑各有所對言之市刑雖輕亦名爲刑若對五刑則五種者爲刑故云附於刑歸於士士謂秋官士師鄉士遂士之屬其人屬彼者各歸之使刑官斷之也○注徇舉至爲附○釋曰徇舉以示其地之衆也者徇者徇列之名故知舉其人以示其地肆之衆使衆爲戒也云扑撻也者大射云司射搢扑尚書云扑作教刑皆是笞撻爲扑故云扑撻也先鄭云憲罰播其肆也者憲是表顯之名徇既將身以示之則此憲是以文書表示於肆若

布憲之類也

國君過市則刑人赦夫人過市罰一幕世子過市罰一帟命夫過市罰一蓋命婦過市罰一帷

謂諸侯及夫人世子過其國之市大夫內子過其都之市也市者人之所交利而行刑之處君子無故不遊觀焉若遊觀則施惠以爲說也國君則赦其刑人夫人世子命夫命婦則使之出罰異尊卑也所罰謂憲徇扑也必罰幕帟蓋帷市者衆也此四物者在衆之用也此王國之市而說國君以下過市者諸侯之於其國與王同以其足以互明之○幕劉音莫帟音亦觀古亂反下同或音官爲說如字解說也說如銳反○

疏　注謂諸至明之○釋曰云大夫內子者大夫中含有卿內子卿之妻含大夫之妻命婦也故經云命婦注云內子也若然此經大夫命婦是諸侯科中不見天子卿大夫則天子卿大夫與諸侯卿大夫及命婦亦是互見爲義也云所罰謂憲徇扑也者其憲徇刑之輕者而赦之使出帷幕難備之物者出物雖重而無恥憲徇雖輕而有愧故以出物爲輕也案幕人云掌供帷幕幄帟綬帷幕用布幄帟用繒在上曰幕在旁曰帷帟承塵其蓋當是於衆中障暑雨之蓋未必是輪人所作蓋弓二十有八在車

者也云諸侯之於國與王同以其足以互明之者此王國之市若直見王后世子過市則不見諸侯已下令以王國之市而見諸侯已下過市足得互見王已下過市故云互明之也

凡會同師役市司帥賈師而從治其市政掌其賣儥之事市司司市也儥買也

會同師役必有市者大衆所在來物以備之〔疏〕凡會至之事○釋曰王與諸侯行會同及師役征伐之等或在畿內或在畿外皆有市則市司帥賈師而從以其知物賈故使從不帥胥師者胥師不知物賈於事緩故不從也

附釋音周禮注疏卷第十四

武寧盧氏宣旬校栞

大清嘉慶二十一年用文選樓藏本校

知南昌府張敦仁署鄱陽縣候補知州周澍栞

周禮注疏卷十四挍勘記　　阮元撰盧宣旬摘錄

附釋音周禮注疏卷第十四

均人

並是力征之稅　惠挍本作力之征稅

易坤爲均　監本坤字空闕

恤其乏困也　宋本作困乏

師氏　宋本周禮疏卷第十五

冬温夏凊　監本凊誤清今據毛本正此本及閩本皆缺一頁

釋曰云德行内外之稱　監本倒作外内今據毛本正

考朕昭子刑　監毛本子誤予今訂正

故書中爲得杜子春云當爲得九經古義云三蒼中得也周勃傳勃子勝之尚公主不相中皆訓爲得呂覽禹爲司空以通水潦顔色黎黑步不相過竅氣不通以中帝心高誘曰中猶得然則中失猶得失故鄭用杜說而不改字

謂得禮者惠挍本謂上有得此脫

卽上國之子弟言游者閩監毛本游作遊下並同此惟國之貴遊子弟作遊蓋淺人所改賈疏蓋本作貴游子弟與唐石經不同○按游爲正字遊爲俗字

使此人帥四夷之隷惠挍本閩本同監毛本帥改率

保氏

白矢參連剡注襄尺釋文襄音讓本作讓禮說云廣韻曰矢作白匀襄尺作讓尺參連作參遠賈疏云臣與君射不與君並立襄君一尺而退則襄讀爲讓新序云左把彈右攝丸定操持審參連夬越春秋云射

之道從分望敵合以參連連誤爲遠失其義矣

過君表　諸本同浦鏜云軍誤君疏同

六書象形會意轉注　宋本余本岳本嘉靖本閩本同監毛本注改註非疏中同釋文上刻注字出音云下同

羸不足旁要　諸本同漢制考羸作嬴古多用通借字

今有重差夕桀句股也　諸本同釋文夕桀沈祥易反此二字非鄭注經義雜記曰疏云馬氏注以爲今有重差夕桀夕桀亦筭術之名與鄭異今九章以句股替旁要禮記少儀正義引此注云今有重差句股馬融干寶等更云今有夕桀未知所出據此知鄭注本云今有重差句股馬干注云今有重差夕桀鄭有句股無夕桀馬干有夕桀無句股沈重陸德明本則與馬干同故皆爲夕桀作音釋文云此二字非鄭注是宋以來校者之辭非陸語蓋後人據賈疏本以校釋文而附著之今注疏中句股上有夕桀二字又後人據釋文所加困學紀聞所據

本已如是

擊則不得入 閩監本同誤也毛本擊作鼜當據以訂正

御鼜者不得入 毛本同閩監本鼜誤擊

建類一首 此本及閩本脫建據監毛本補

闕闠衡衙之類 閩本同監毛本闕作閾

云九數者方田已下 惠挍本閩本同監毛本已改以

司諫

辨其能而可任於國事者 此本及閩本辨誤辦今據唐石經諸本訂正疏中此本及閩監毛本皆誤

司救

衺惡謂侮慢長老　釋文出經之衺二大字云似嗟反注作邪同此經作古衺字注作今邪字之明證今本皆依經改作衺矣下文亦由衺惡同

孔注尚書曰　惠挍本曰作云

使事官之作也　閩監本同宋本嘉靖本毛本皆云使事官作之也此誤倒當據以訂正疏中不誤

知書其罪狀以其稱明刑　閩本同監本狀下剟增者字毛本遂排入○按有者字是

三罰而歸於圜土　閩監毛本同唐石經宋本余本嘉靖本於作于當據正

晝日任之以事而收之　宋本余本嘉靖本毛本同此本及閩監本晝誤書今訂正監本疏中不誤

施惠賙恤之　監本恤作䘏訛疏中同

調人

雖以會赦　浦鏜云以當巳字誤

比父亦辟之海外　此本亦字剜擠閩監毛本排入

元巳年老昏旄人　閩本同監毛本旄改耄○按耄是也唐人作疏不當用古文假借字

故今明之　閩本同監毛本明改辨

故逆之海外　浦鏜云逆當避字誤

王節之剡圭也　按剡圭字當依典瑞玉人作玉圭此非經用古字注用今字之例直是僞字耳下王以剡圭同

鄭知瑞節是玉圭者　閩本同監毛本依注玉改剡非賈疏葢本用玉字下並同○按疏內三剡字皆當作玉疏當引典瑞云玉圭以易行以除慝而誤云玉圭以和難考典瑞但有穀圭以和難之文

此王法知之　閩本同監毛本作治之

辨本也余本閩本同宋本監毛本嘉靖本辨皆作辯

猶令二千石以令解仇怨閩監本同誤也宋本余本嘉靖本毛本作猶今當訂正

媒氏

天地相承覆之數也閩本同諸本丞皆作承疏中同

參天兩地而奇數焉釋文奇本作倚案釋曰就奇數之中天三度生地二度生象天三覆地二則作倚非也

不聘之者宋本嘉靖本聘作娉

媒氏以男女既有未成昏之藉浦鏜云籍誤藉

然則三十之男二十之女中春之月者浦鏜云中春之月四字疑衍文

中男三十而娶補經義雜記曰中下脫古字據大戴禮記

經有夫婦之長通典嘉禮四引作夫姊之長此作婦譌當據正○按喪服經緦麻章有爲夫之姑姊妹之長殤引之者謂三十而娶則不當有姊也

以感時而親迎經義雜記作以昏時云感字誤

秋班時位也經義雜記作春班爵位云舊作秋班時位誤也家語作春頒爵位東門之楊正義所引同

熠熠其羽監本熠誤熠下同

夏小正曰二月冠子嫁女娶妻之時經義雜記云曰字疑衍今夏小正無嫁女娶妻作娶婦

此淫奔之詩惠校本詩作時此誤

鄭說之五爻辰在卯通典嘉禮四引作舊說六五爻辰在卯此誤

在塗見采鼈者閩本同監毛本鼈改蕨非

舊詩云經義雜記作舊說云此誤

尚及冰未定納經義雜記作及冰未泮此脫泮字

故管子篇時令云經義雜記曰當作時令篇云今管子闕

且仲春爲有期之言秋冬春三時嫁娶經義雜記曰當作無仲春爲期盡之言又春秋四時嫁娶毛本改作有譏之言誤甚

何自違也家語冬合男女窮天數之語經義雜記曰也字當在之語下

故戒文王能使男女得及其時經義雜記曰戒當作嘉

感事而出經義雜記作感事而悲此誤

娶得用非中春之月宋本余本嘉靖本毛本同閩監本中改仲非疏中仍作中春

此純帛及祭義蠶事以爲純服故論語云此本及字剜改作交閩監毛本承其誤今據惠挍本訂正浦鏜云故當又之誤

木八爲金九妻閩監毛本木誤水

依士禮用元纁惠挍本作依此禮此作士誤

不可埽也余本嘉靖本同閩監毛本埽作掃非

於小棠之下閩本同監毛本改甘棠非

赦有者媒氏聽之惠挍本赦上有在此脫

司市

彼云次與敘下惠挍本作彼文此誤

故并思次同名爲次案思次當爲思介

明賈者在市而居賣物者也此本者字實鈌據惠挍本補閩監毛本作則非

由此二等之人此本之人二字實鈌據惠挍本補閩監毛本作商賈非

物有定賈岳本嘉靖本閩本同宋本監毛本賈作價俗字疏中監本作賈毛本作價

量以量穀粱之等浦鏜云粱誤粱

以賈民禁僞而除詐葉鈔釋文賈民劉音嫁聶沈音古注賈民同

刑罰憲徇扑宋本作衖徇朴監毛本徇作徇非○按扑是朴非攴之隸變爲扑才卽又也扑訓擊因而名擊之之物曰扑凡經典扑改朴者非

以泉府同貨而斂賖唐石經宋本余本嘉靖本閩本同監毛本賖改賒俗字注及疏準此○按賖从貝余聲余上从入

掌於市之罰布之等職之浦鏜云以誤於征誤罰

則貰予之 毛本同閩監本予改與

日厎而市 唐石經諸本同釋文厎本又作昃案此本疏中作日昃

日厎昳中也 諸本同案大司徒注云日昳景乃中此昳當作跌賈疏云厎者傾側之義昳者差跌之言今諸本俱誤爲差昳矣○按跌昳二字上正下俗大司徒注作跌可證

而先言日昃者 閩本同監毛本昃改厎

百族或在城內 毛本內誤由

資若冬資絺夏資緜之類 閩監毛本改冬資綿夏資絺誤甚

欲見此百姓異於秋官司寇戒於百族 惠挍本百姓作百族此誤

奠讀爲定整勑會者 宋本定下空缺一字此本疏中勑作敕

以長丈二因匏丈尺 閩本同監毛本匏作刻

鄭以爲平成市整敕會者閩監毛本敕作赦非

何得各有地之敘乎浦鏜云有當於字誤

謂物行苦者閩監毛本同宋本岳本嘉靖本苦作沽

抑其賈以卻之也監毛本卻誤郤

釋曰云使有使皁者閩監毛本脱釋曰

如今斗檢封矣諸本同毛本檢改撿非

因云物賈者浦鏜云因云字當誤倒

布帛精麄不中數岳本嘉靖本麄作麤○按从三鹿者正字也作麄者俗字也

乘車之輪崇六尺六寸浦鏜云兵訛乘字按浦鏜誤疏固兼引考工記兵車乘車之輪

皆崇六尺六寸矣

成出革車一乘出於民間閩監毛本成誤或監本間誤開

故書附爲柎宋本余本嘉靖本毛本同閩監本柎作袝宋本載音義亦作柎

足得互見王已下過市毛本同閩監本足作是誤

周禮注疏卷十四挍勘記終

南昌袁泰開挍

傳古樓景印